もうひとつのプロ野球

若者を誘引する「プロスポーツ」という装置

石原豊一
TOYOKAZU ISHIHARA

白水社

はじめに

最近はニュースなんてものは、すっかりインターネットで見るようになった。ポータルサイトの表紙には、アクセス数が急上昇したニュースのキーワードが並んでいる。そういうニュースの多くは、正直くだらないものであることが多いのだが、たまに気になってクリックしてしまうことがある。

ある「登山家」の記事にアクセスしたのは数年前のことだったと記憶している。

その記事の主人公は、「世界七大陸単独無酸素登頂に挑戦」し、残るは最高峰エベレストだけというつわものだという。彼は、過去にもそのエベレストに何度か挑戦しているが、あえて気象条件の悪い時期に登頂を試み、猛烈な吹雪や、食料を野鳥に奪われるなどの不可抗力から登頂を果たせずにいるらしい。

彼が、ネットニュースの注目キーワードに取り上げられたのは、直近の挑戦で凍傷を負い、両手の指のうち九本が壊死を起こし、医師から切断を勧められているにもかかわらず、再生を信じて様々な治療法を試みていることが話題になっているからだった。

クリックを繰り返すと、その彼の両手を見ることができた。なるほど、手の指がすっかりどす黒くなり、縮んでいる。医師が切断を勧めるのは、その壊死した部分から細菌が入り、感染症を引き起こす心配があるからのようだ。正直見るに堪えない絵で、気の毒だが、素人目にも、再生は難しいだろうと思えた。

気になったのは、その彼の表情だった。両手のほとんどの指を第二関節からなくしてしまうという事態に陥りながらも、悲壮感は感じられない。「名誉の負傷」を誇らしげに見せているようにさえ感じる。

私はいつの間にかクリックを重ねていた。ネット上での彼の評判は、すこぶる悪い。彼の涼しげな甘いマスクはシンパも作っているようだったが、その数倍の悪口でネットはあふれかえっていた。

アンチの意見をざっくりまとめればこういうことである。彼は、「自称登山家」に過ぎない。途中下山のほうが多いことから「プロ下山家」とも揶揄されている。確かに、彼の「登山歴」を見てみると、途中断念が実に多い。しかし、素人の私には、世界最高峰への挑戦というものが、プロにとっても、本来的に成功しにくいものなのかどうかはわからない。

プロの登山家の世界では、彼の「登頂」はほとんど認められていないようだった。そもそも彼の言う「単独登頂」には、荷物を他人に持たせない、岩場で他人に梯子をかけてもらうなどの助けを一切受けないなど厳密な定義があるらしく、彼の登頂の様子を検証する限りは、「単独登頂」とは言えないようなのだ。

その上、「無酸素」の方も、そもそも酸素ボンベを必要とするのは、エベレストの八千メートルを超えてからのことで、「世界七大陸単独無酸素登頂」という記録じたいにほとんど意味はないようだった。彼は、八千メートル以上の領域に踏み込んだことは一度もなかった。

それにしても、彼の登山の様子がなぜそんなに多くの人々に知られているのだろう。それにプロであるなら、凍傷などにならぬよう、あらかじめそれなりの装備をしていくのではないか。それよりもなによりも、なぜ彼がここまでネットの住民の話題にのぼるのだろう。

彼がその名をネット上の「世間」に知らしめた一番の理由は、自らの登山の様子を、スマホでネット中継していたことにあるようだ。これが話題になり、コンテンツに困っていたテレビ業界が食いついたのだ。テレビというメガ・メディアに取り上げられることは、スポンサー集めが必須の冒険家にとっても、願ったり叶ったりである。テレビ画面に露出された彼の市場価値はあっという間に上がり、著書の発刊、講演会活動などで、彼は一躍「文化人タレント」の枠に収まった。これがゆえ、多くの人は、彼を純粋にプロ冒険家としてみることに違和感を抱いたのだろう。

そして、驚いたことに、彼はこのネット中継のために、極寒の冬山でスマホをいじることができるよう、スポンサーから提供された指出し手袋をしてエベレストに登っていたようなのだ。

彼は、今、指の再生を目指して奮闘中らしい。

いわゆる正規雇用の枠から除外され、不安定低賃金の労働に従事している、あるいはそもそも労働に従事できていないにもかかわらず、「自分らしく生きる」ことをエンジョイしている現代の若者のテンションの高さとその純真無垢な前向きさに我々中年はしばしば驚かされる。

三十路を越えたこの「登山家」の姿は、そういうハイテンションな前向きさにあふれている。確かに現時点での彼は、テレビに出るほど有名になり、スポンサーから億単位の金を集め、出版、講演活動に奔走している青年実業家でもある。しかし、彼の怪しげな登山歴を考えると、根拠のない「新記録」をダシにスポンサーを募り、かつその経験を本や講演という商品にして売っているとも言える。そのビジネスは、虚業とでもいうべきもので、旬が過ぎれば、あっけなく崩れ去るだろう。

人の不幸をこのように表現するのははばかられるが、ある意味、彼の指切断の危機は、旬を過ぎた感のある彼の賞味期限を延ばしてくれるものになるのかもしれない。

現在、若者を巡る環境は悪化の一途をたどっている。大学まで出たのに正規の職にありつけない若者は珍しくはなくなってきている。せっかく誰もがうらやむ「正社員」になっても、その会社がブラック企業であれば、働かされ過ぎで体を壊し、会社からポイ捨てされてしまう。今の大人たちの彼らを見るまなざしは厳しく、口を開けば、やれ「ゆとり世代」だの、だから正社員になれないんだなどと見下した態度をとる。

果たして〈彼ら〉は不幸なのだろうか。会社に縛られない、非正規雇用という立場に身を置いて、無理な野望を抱かず、自分のしたいことを自分なりにやっている現代の若者は存外幸せな存在かもしれない。

今一度、冒頭の「登山家」のことを思いなおそう。私には、彼が本当のプロの登山家だとは思えない。ネットで見る限り、彼の「登山歴」はプロというにははなはだ怪しいし、その姿勢にプロフェッショナリズムがあまり感じられないのは、登山という本質的にストイックで孤独な営みを、ネットというある意味「軽い」メディアに乗せて、それをネタにビジネスをしているからだろうか。

グローバル化の進展やネットの発展によって簡単になった情報収集、それに道具やマニュアルの発達によって、かつてはプロが命がけで挑戦した登山も、今では愛好家にでも手の届くものになってきている。世界最高峰のエベレスト登頂でさえ、現在では半ば観光産業化し、登山客の制限さえ取りざたされるようになってきているという。つまり、並はずれた冒険心や体力、そして強靭な精神力などなくても、「プロ登山家」になることができるような時代になっている。

「好きでもない仕事であくせく働かされて、退職金ももらえないんじゃ、好きなことをやらせてもらうよ」

そうつぶやきながら日々を送る若者たちの声が聞こえてくるようだ。我慢や辛抱の先に明るい未来が拓けている時代はもう終わったのかもしれない。

終電近くの最寄り駅で、若者がさしてうまくもない歌をギター片手に歌っている風景は日常のものだし、町を歩けば、本当に学校に行っただけでそんな職に就けるのか首をかしげたくなる、アナウンサー、声優、フライトアテンダントになるための専門学校の看板を目にすることができる。

不安定非正規雇用の現場には、業界を問わず、「夢追い人」が数えきれないほどいる。彼らはいつの日か自分がなるだろうミュージシャン、俳優、お笑い芸人、学者、ジャーナリスト、プロスポーツ選手などのプロフェッショナルな職を頭に浮かべながら、キャリアアップを望めない職場に身を投じている。


精神科医の片田珠美は、このような若者が増加した背景として、彼らが幼い頃からケガをしないように保護されてきたため対象喪失に対する免疫力が低下していることと、万人に無限の可能性があるようなメッセージを送る消費社会があることを指摘している。

つまり、痛みや挫折を経験しないよう育ち、頑張れば必ず夢は叶うと教えられてきた子供たちは、人間にはいくら努力しても手に入れられないものがあるということを、理論上はわかっていても、感覚として身につけることができていないというわけだ。

何もこの例に限ったことではない。読者モデルが人気タレントになったり、辣腕プロデューサーがオーディションをすれば、十人並みの容姿の何の芸もない女の子が「国民的アイドル」に早変わりする現在、「プロ」と「アマ」の境界線は非常にあいまいになっている。ブロガーの中には、自分のブログが話題を呼んで、それが商業出版として公刊されるという経験をする人もいる。そういう意味では、ブログを書いている人みんなが「ライター」であると言える。それでなくても、金さえ出せば、自費出版で誰もが、「作家」や「ジャーナリスト」になることができる。

同じように現在、「なんちゃってプロ選手」が、スポーツの世界で増殖している。

少々こむつかしい話になるが、本来的に娯楽・遊びとして始まったスポーツは、労働と余暇とを明確に分離させた産業革命と時を同じくして、暴力性を取り除かれ、競技者と観覧者が明確に区別されるようになり、近代という衣をまとうようになった。その後、皮肉なことに、「観る娯楽」という側面を強めた結果、この「遊び」はやがて競技者にとって、労働と化してしまう。いわゆるプロスポーツ選手の誕生だ。そしてこのプロスポーツの隆盛は、スポーツの腕一本で億万長者にのし上がるスポーツセレブを生んだ。サッカーの世界でいえばメッシ、日本人で言えば、メジャーリーガーのイチロー、テニスの錦織圭などを思い浮かべればいいだろう。しかし、プロスポーツ選手が、年収数十億も稼げるようになったのは、実はそう古い話ではない。

人気に陰りが見え始めたと言われているとはいえ、日本で一番の人気スポーツは野球であるといって間違いはないだろう。そのプロ野球選手の報酬は、意外なことに、その人気のピークであっただろう、昭和の終わりでも「億万長者」のそれには程遠かった。

一九八〇年代、人気実力とも向かうところ敵なしだった読売ジャイアンツのホーム球場・後楽園は、シーズン中ほとんどの試合で、スタンドは満員の観客で埋まっていた。海の向こうの本場、メジャーリーグでも札止めなんてそうそうなかった時代である。巨人の人気はまさに世界一だった。その巨人のエース、江川卓はこう自分の給料の安さを嘆いたものだった。

「芸能人になって成功すれば、億単位を稼げるようになるのに、我々プロ野球選手は、子どものころから野球一筋に打ち込んでせっかくプロ野球選手になっても、せいぜい数千万円しか貰えない」

一九八一年、彼が二十勝を挙げ、チームを優勝に導いた時でも、その年俸は、一五六〇万円から三〇〇〇万円になっただけだった。ちなみにこの年、サラリーマンの平均年収は三〇〇万円前後だった。この六年後、彼は三十二歳の若さで引退するが、その年の彼の年俸はようやく六〇〇〇万円を超えたところだった。

それを思えば、現代のプロ野球選手の「セレブ度」は格段に上がったと言える。日本で頑張れば、一般人の年収の数十倍にあたる数億円の年俸がもらえるし、世界の頂点、メジャーリーグに挑戦して、成功を収めれば、それこそ、孫の世代まで遊んで暮らせるほどの富を数年で稼ぐことができる。ただし、そうなるには、たぐいまれな才能と、血のにじむような努力、そして運が必要であることは言うまでもない。

ところが、近代社会がその終焉を迎えている現在、才能がさほどなくても、他のことをすべて犠牲にして打ち込まなくても、皆があこがれた「プロ野球選手」という「職業」に就けるようになってきている。

『吉田えり十七歳、職業プロ野球選手』

漫画のタイトルではない。この女性は実際に世界トップレベルにある日本の野球界で「プロ野球選手」になり、六年経った現在も「現役選手」としてマウンドに立っている。それだけではない。彼女は野球の本場、アメリカのプロリーグの舞台にも立ち、三シーズンで五勝十敗の成績を挙げている。

アメリカの、というより世界のプロ野球の頂点は無論のこと、メジャーリーグ（ＭＬＢ）である。その一方、アメリカで「プロ野球選手」になることは、実は日本ほど難しくないことも事実だ。アメリカプロ野球の裾野は限りなく広い。メジャーリーグの傘下には、幾重にも階層化されたファームシステムが存在し、北米だけでも六軍や七軍まで存在するのだ。

これに加えて、新たなプロ野球が世界各地に興っている。一九九三年、ノーザンリーグとフロンティアリーグという、ＭＬＢの組織に属さない二つのプロリーグが立ち上げられ、独立リーグと呼ばれるようになると、北米各地に同じようなリーグが興り、さらには、ラテンアメリカをはじめとして、世界各地に小規模のプロ野球リーグが興った。

そして、日本にも二〇〇五年、独立リーグが誕生した。

一九九〇年代以降、こうして「プロ野球選手」の数は急増した。ただし、そこでプレーする者たちは、スポーツセレブという蜜を吸うことは決してない。せいぜい彼らにできるのは、その蜜を吸う夢を見ることだけだ。

これから語ってゆくのは、マイナーリーグという「もうひとつのプロ野球」をめぐる物語である。

CONTENTS

編集 キンマサタカ パンダ舎
デザイン 鈴木 恵 細工場

第一章

独立リーグ――もうひとつのプロ野球

まばゆいばかりのカクテル光線に包まれたドーム球場。満員の外野席には応援団が陣取り、トランペットに合わせて応援合戦を繰り広げる。試合のクライマックスの七回にはジェット風船が空を舞い、あこがれのスター選手の躍動感あるプレーシーンが大きな液晶画面に映し出される。

多くの人が思い描くプロ野球の風景というのはこんなところだろう。そのキラキラ輝いた舞台の中心に立つプロ野球選手は、今も昔も子供たちのあこがれであることには変わりない。

そういうプロ野球とは別の、「もうひとつのプロ野球」があることを知ったのは、今から二十年以上も前のことである。

一九九三年の夏、マイナーリーグというやつをこの目で見てみようと、私はワシントンDCからバスで二時間のフレデリックという町に足を運んだ。トウモロコシ畑に囲まれた赤レンガ造りの建物が並ぶ小さな町のはずれの球場で繰り広げられていたその風景は、これまで私が見たどのプロ野球とも似ても似つかぬものだった。

外野席のない球場の周りをジョギングするユニフォーム姿の選手たちは、あまりにも観客に近すぎた。一〇〇〇円ほどのチケットを買って、ホームベースから一、三塁ベースくらいまでしかない小さなスタンドに入ると、指定された座席はベンチ上の特等席だった。試合後は、映画『フィールド・オブ・ドリームス』よろしく、トウモロコシ畑を縫うように車のヘッドライトが連なる中を歩きながら、「身近なプロ野球」を実感したものだった。

その二年後、私は再びアメリカの大地を踏んだ。

約二か月、アメリカだけでなくメキシコやカナダにも足を運び、毎日バスに乗っては町から町へと渡り歩きながらボールパークを訪れた。インターネットなどまだない時代、毎朝バスディーポのベンチに捨てられていたローカル新聞とたまに球場で手に入ったマイナーリーグ専門誌『ベースボールアメリカ』でスケジュールを確かめ、翌日の目的地へ夜行バスで移動する。そんな毎日を送った。『ベースボールアメリカ』には、マイナー各リーグの順位表が掲載されていたのだが、そこに"Independent"の項目があった。どうもメジャーリーグの傘下に入らないプロリーグがアメリカには存在するらしい。いったいどんな野球をしているのだろう。

いったん疑問をもったら確かめずにはいられない性格の私は、全米にネットワークをもつバス会社、グレイハウンドの地図とにらめっこしながら、テキサス州のラボックという町に向かった。

グレイハウンドの路線ももはやないこの小さな町には、聞いたことのない会社のバスに乗り継いでようやくたどり着くことができた。球場までは歩いて四十分ほど。日曜の田舎町はまるでゴーストタウンのように静まり返っていた。町はずれの大学の野球場のそばまで来てようやく人の気配を感じ、チケットを買って、鉄パイプの桟敷席を登ってゆくと、そこにもまた、マイナーリーグの風景が広がっていた。

内野天然芝、外野人工芝という大学の球場を間借りしたスタジアムでは、のち千葉ロッテマリーンズで活躍するフランク・ボーリックがバットを振り回し、前年に「引退」したメジャーリーガーのフランク・ディピノというピッチャーがリリーフのマウンドに登っていた。

この一九九五年、北米大陸にはこの町のチーム、ラボック・クリケッツの属するテキサス＝ルイジアナ・リーグのほか、西海岸にウェスタン・リーグ、中西部にフロンティア・リーグ、アメリカ・カナダ国境周辺にノーザン・リーグなど実に十一の独立リーグが林立していた。その後、この新興のプロ野球リーグは、雨後の筍のように増殖しては、そのほとんどは、数シーズンで消えていった。ひどいリーグになると、一シーズンもたずに、ある日突然資金不足のためになくなってしまうものもあった。この年、活動していたリーグで、現在までその命脈を保っているものは、フロンティア・リーグだけである。

チーム単位になると、シーズン半ばに突然消滅なんてことは日常茶飯事で、このテキサス＝ルイジアナ・リーグでも、メキシコ国境の町にあったラレド・アパッチズは、この年、私がこの町を訪ねたその日に、倒産している。ベースボールチームがあると知り、試合のスケジュールを聞こうと顔を出した町はずれのスタジアムにあった球団事務所のスタッフの表情は一様に暗かった。当たり前だ。自分の勤める会社がつぶれたのだから。

「もう試合はないの」というスタッフの言葉を理解できず、スタジアムを後にし、あまりの暑さにたまりかねて入ったコンビニで私はようやく事情を知った。そこで目にした地元紙の一面には、ロッカールームで頭を抱えている選手の写真があった。

このような経営の不安定なチームでプレーする選手たちのうち、いったい何人が野球の頂点であるメジャーリーグに登りつめるのだろう、私はこの時単純にこう思った。

アメリカプロ野球の裾野は日本に比べて限りなく広い。メジャーリーグのファームだけでも、3Aからルーキーまで四段階ある。正確にはA級は四ランクに分けられ、ルーキー級も二ランクあり、さらには、国外のドミニカやベネズエラにもルーキーリーグがあるので、各球団は実際、六から七軍ぐらいまでチームをもっているのだ。

独立リーグでプレーするということは、このメジャーリーグ球団のファームにも入れなかったということを意味する。現実には、レベルの高い独立リーグには実力者が名を連ね、メジャー傘下のファームチームで契約に縛られるよりは、ロースターに穴があいたメジャー球団を自由に選択するためにあえて独立リーグでのプレーを選ぶようなことがあるが、そういうリーグでも実際試合を観ていると、先発メンバー以外の選手のプレーは、魅力あるものとは言えなかった。

それでも、彼らはメジャーリーガーという見果てぬ夢を追って、安いギャラとお粗末な環境を喜んで受け入れていた。

「こっちは、学校出たからってすぐに就職するわけでもないからね」

現地で知り合った日本人留学生の言葉に、日本とは真逆の流動性のある雇用環境が、低賃金季節雇用の「プロ野球選手」を生んでいるのではないかと漠然と思ったものだった。

それから十年後、日本にも独立リーグなるプロ野球が産声を上げた。二〇〇五年、四国アイランドリーグ（現四国アイランドリーグｐｌｕｓ）がスタートすると、二〇〇七年には北信越ベースボールチャレンジリーグ（現ルートインＢＣリーグ）、二〇〇九年には関西独立リーグ、翌年にはジャパン・フューチャーズ・ベースボール・リーグ、と次々に新リーグが立ち上げられ、ピークの二〇一〇年には四リーグ十六チームまでに膨れあがった。二〇一〇年だけをみても、一チーム二十人として、三百数十人以上の若者が、この新しい「プロ野球」に身を投じた。

彼らのうち、本当の意味でのプロ野球、つまり日々の生活の糧と引退後への備えとなる富、それに名声を手にすることができるＮＰＢやアメリカのメジャーリーグに届く者はほとんどいなかった。

酷な見方をすれば、ライフサイクルにおいて、学卒後、職業人としての基礎を築くべき二十代という大切な時期を、彼らは望みの薄い夢を追うことに費やしたということもできる。もちろんそれを富と名声をつかもうとする前向きな行動と捉えることもできるだろう。時折彼らをとり上げるメディアの言説は、ほとんどがそのような論調である。

ここからは、日本で三番目の独立リーグとして二〇〇九年に発足した関西独立リーグ（カンドク）の五年間を追うことによって、「若者のチャレンジの場」の現実がいかなるものであったかを見ていきたい。そうすることでここに集った「夢を追う若者」の姿が、しばしばメディアで語られるようなキラキラ輝いたものでは決してなく、ポストモダン社会の悲しい一諸相であることが見えてくるような気がするからだ。

野球の最果て　―二〇〇九年―

二〇〇九年四月、大阪郊外の万博球場。外野からスタンドを望むと芝生席の低い内野スタンドのはるか向こうに大阪万博のシンボル、太陽の塔が望める。

野球場の周囲にはサッカーや、草野球のグラウンド、球技場があり、老若男女が週末の午後を楽しんでいる。高速道路をはさんだ向こう側には、サッカーJリーグのガンバ大阪のスタジアムがそびえている。こちら側で一番の盛り上がりをみせていたのは球技場の大学アメリカンフットボールの試合で、その奥の野球場に向かうにつれ、人通りは少なくなり静けさが漂っていた。

この小さな野球場が盛り上がりを見せるのは初夏に行われる高校野球の予選くらいで、普段はひっそりとしている。ここを通る人々は、まさかここで「プロ野球」が行われているとは思わなかっただろう。出店が出ているわけではなく、歓声が聞こえるわけでもない。ときたま聞こえてくる打球音に、道行く人は、リトルリーグの練習かなと思うくらいの、のどかな空気がそこには漂っていた。

カンドクは日本第三の独立プロ野球リーグとして、この年に開幕した。

先行の二リーグが、NPBのフランチャイズと競合しない「プロ野球不毛の地」に拠点を置くニッチ（隙間）産業であったのに対し、このリーグは人口の少ない地方より潜在的野球ファンの多い関西にビジネスを展開すべしと、近畿地方にフランチャイズを置いた。選手の報酬は独立リーグとしては破格の二十万円だった。先行リーグが選手に示していたそれと比べて格段にいい待遇に、少なからぬ選手が移籍してきた。しかし、彼らはそれが大風呂敷であったことを数か月後に思い知らされることになる。

休日のデーゲームにも関わらず静まりかえった球場は、このリーグの認知度をそのまま反映していた。NPBの二チームが本拠を構える上、そのうちの一つが今や日本一の人気チームである阪神タイガースを擁するこのエリアにあって、新たな野球ビジネスの展開には厳しい現実が待っていた。

低いスタンドの切れ目からバックスクリーンをのぞくと試合は既に七回に入っていた。リーグ、球団としては、とにかく自分たちの「商品」を見てもらわないと次へつながらないと考えたのだろう。スタンド入り口にしつらえられたテントからは「どうぞ見ていってください。今なら無料ですよ」の声が響いていた。

内野の芝生席のスタンドには、リーグ発表によると五百数十人の観客が陣取っていたらしいが、見た目には閑散としていた。試合はすでにビジターチームの明石レッドソルジャーズの一方的な展開になっていた。ホームチームである大阪ゴールドビリケーンズのベンチのある一塁側には、応援団らしき数名が陣取って声を張り上げていた。その声を掻き消すようにフィールドから大きな掛け声が響きわたる。一見すると高校野球の地方予選のような風景だった。

勝負のついた終盤に、大阪にエラーが出て、さらに点差が開いた。結局十一対二という見る方にとっては、味気ない展開になってしまった。

試合後、二人の若い観客がこの日の試合について話し合っていた。せっかく来てはみたものの、そのレベルに満足いかなかったという一人に対して、もう一人はこれはこれでよかったという。

タイガースの試合に行くような期待をしてはいけないが、いわゆる「プロ野球」とも高校野球とも違う別の野球だと思えば、けっこう楽しめるということなのだろう。

カンドクはこのひと月前、当時としては国内独立リーグの最高記録となる一万一五九二人の観衆を集めて、京セラドーム大阪で華々しくデビューを飾っている。しかし、ほとんどの観客のお目当ては、「史上初の女子プロ野球選手」となった女子高生・吉田えりという、本来的にプレーの質とは何のかかわりもないアイコンだった。

「えらく待たされたよ。スタッフがオープニングのイベントの打ち合わせに夢中で、ろくすっぽ対応しないいんだもん」

この歴史的な開幕戦をその目で観た、野球好きの知り合いが、大阪市内にあるリーグ事務所にチケットを買いにいったときのことを話してくれた。

このリーグは、スタート時点からなにか根本的なところでボタンを掛け違っていたのかもしれない。

話題先行のリーグは、その直後にNPBが開幕すると、急速にファンの注目を失い、リーグが見込んでいた二〇〇〇人にはるか及ばない観衆しか集めることができなくなっていた。

この「なんちゃってプロ野球リーグ」が馬脚を露わすまでにさほど時間はかからなかった。開幕後ひと月ほどで、各球団の資金不足が囁かれるようになり、その翌月には、運営会社が撤退してしまったのだ。この会社は、元々は大阪市内でIT関連事業を手掛けているということだったが、実際はペーパーカンパニーに近いものだったようだ。

当時公開されていた資料では、二〇〇四年設立というこの会社の資本金は一二二五万円。事業はすべて野球に関するものだった。リーグが立ち上がるまでは一体なにをして稼いでいたのだろうと首をかしげたくなる。運営会社破綻後、リーグ代表だったこの会社の社長は行方しれずになった。マスコミは彼のビジネスマンとしての前歴をほとんど追うことができなかった。

五月二十日。リーグ代表に加え、次年度から参加予定の三重スリーアローズを含む五球団のオーナー臨席のもと、記者会見が開かれた。リーグ代表の話では、期待していたスポンサーが思うように集まらなかったせいで、リーグが各球団に支給するはずの分配金三〇〇〇万円が、いきわたらなくなったということだった。にもかかわらず、この期に及んでまだ、金策のめどはついているかのようにコメントする代表に対して、各球団のオーナーが業を煮やし詰め寄るシーンが、テレビニュースを通じて伝えられた。実はこの時すでに運営会社の資金はほとんど尽きていた。

運営会社はここで撤退したが、加盟各球団はリーグ継続のため新たに出資し、新運営会社を立ち上げて、なんとか一年目のシーズンを乗り切った。

しかし、シーズン終了後にはリーグ運営を巡って、翌シーズンからの参入を前提に新運営会社の中心的役割を果たしていた三重球団が脱退、リーグ一の観客動員を誇っていた大阪球団を引き連れて新リーグ、「ジャパン・フューチャーズ・リーグ」を結成した。カンドクは二度目の存続の危機に立たされることになった。

二〇〇九年、つまり最初のシーズンの、カンドクのイヤーブックの冒頭には、リーグの理念としてこうある。

「関西の地域活性化と、NPBやMLBといった一流のプロ野球選手を志すプレーヤーたちの育成をめざしています」

独立リーグは、本来的にマイナーリーグ、つまり日本ならばNPBという「メジャーリーグ」に登りつめるステップとしての役割を果たす場である。選手たちの報酬は家族を養ってはいけないような薄給であるのは当然であり、そこで芽が出ないようなら、ある程度のところで自身で見切りをつけて、セカンドキャリアへ進むべき過渡期の場でもある。

この年の秋、カンドクの多くの選手がNPBのトライアウト（入団テスト）を受験した。あるチームでは、公式戦があるにもかかわらず、選手が皆、トライアウトを受けに行き、試合開催が危ぶまれるという事態にも陥った。

結局、この時は、NPBを引退してすでに二十年近くになる元NPB選手の指導者が選手登録を済ませ、「現役復帰」して、なんとか試合開催にこぎつけた。こんなことは、観客から入場料を取っているプロを名乗る集団のすることではない。

ちなみに、このシーズン、トライアウトを受験してNPBのドラフトにかかった者は、ひとりもいなかった。

「そもそもね、プロに行くような奴は、三、四年時点でもう決まってますよ」

とは、大学からドラフト七巡目でNPBの球団に入団した元選手の言葉である。全国津々浦々、ときには中学レベルまで足を運ぶNPBのスカウト網から漏れるということは、ある意味、その時点でプロをあきらめねばならないことを意味する。

さらに言うと、彼らが、受験したトライアウトというのは、実のところ一般向けのもので、ファンサービスの意味合いが強いらしい。

実際、高校時代、甲子園に出場し、OBにメジャーリーガーもいる首都圏の名門大学から社会人野球の強豪に進んだある選手は、NPBのある球団のトライアウトを受験したときに関係者に耳打ちされている。

「君のような選手が受けにくるところじゃない。今年は獲るつもりなんてないんだよ」

ごくまれにこの一般トライアウトの合格者の中からドラフト指名を受ける者もいるのだが、実際のところ、球団は本気でこれを人材発掘の場とは考えてはいないだろう。

まだ情報網、スカウト網が今ほど充実していなかった三十年以上前なら、魚屋から東映フライヤーズのエースとなった土橋正幸や、軟式野球出身で野球殿堂入りした広島カープのエース、大野豊などの「掘り出しもの」もいたが、情報網の発達した現在では、それも多くを期待できない。

初年度シーズンのゴタゴタがありながらも、カンドクはこの後も続いた。翌年途中からは無給になったが、それでも続いた。結局、二〇一三年のシーズン終了後にリーグが消滅した後も、後継リーグ

VERSA
WORD

カンドクのメイン球場の一つだった大阪吹田の万博球場。プロ野球の華やかさとは無縁だ

として「ベースボール・ファースト・リーグ」が発足し、今なお運営されている。このリーグで選手たちは今なお無給でプレーしているにもかかわらず、リーグは「プロ」の看板を外そうとしない。

無給の「プロリーグ」にあえて身を投じる彼らがいかなるレベルの選手か、想像に難しくない。アルバイトをしながらのプレーは、完全にアマチュアのそれである。

まさに私自身が身を持って彼らの競技レベルを経験したこともある。

あるグランドでのことだった。草野球の世界では、試合当日にメンバーが足りないなんてことはざらにある。そういう時、つてを頼ったり、インターネットの助っ人募集サイトを使って「助っ人」を確保するのだが、ある時、かなり体の大きな若者が助っ人として参加していた。

私は外野から彼のプレーを見ていたが、見るからに腰高で、お世辞にも上手いとも言えない。一方、バッターボックスでの雰囲気はあり、スウィングは結構しっかりしているので、中学か高校で野球をしていたのかなと思っていた。しかし、実際打席に立つたび、四十代後半のオジサンが投げる山なりのストレートに内野フライを上げていた。

その彼がベンチで他の選手と話していた会話を聞いて、私は耳を疑った。そのシーズン終わりまで、彼はカンドクでプレーしていたというのだ。彼の体は、つい最近「引退」したとは思えないほど緩みきっていた。

彼らの目指すものはいったいなんなのだろう。

カンドクが最後まで「プロ」の看板を外さなかった理由は、ただ一つ。ここに集う選手の多くにとっては、NPBに入ることではなく、「プロ野球選手」であることが、一番重要だったからだろう。

カンドクのロースターをじっくり見てみると、ほとんどのものが、学卒までに選手として実績を残せなかっただけではなく、家族社会学者の山田昌弘がいう、大卒後、企業への正規雇用へという一般社会における「パイプライン」からもこぼれ落ちていることがわかる。高校あるいは大学で野球部を途中退部した者、その上、学校まで辞めてしまった者、そして他の独立リーグを解雇された者……。

彼らは、名門高校から名門大学、そして社会人実業団からドラフト指名という野球の世界でのパイプラインからこぼれ落ちただけでなく、一般社会においても、独立リーグに入った時点で、すでに正規雇用のコースから外れてしまっていると言える。

そんな彼らにとって、たとえトップリーグではなくても、報酬が出ずとも、野球のプレーを生業とする「プロ野球選手」という看板を背負い、トップリーグへの道を歩んでいると想像することが、自らのアイデンティティを支えているのだろう。

しかし、彼らにとって「プロ野球選手」は偶像でしかない。

高度成長の終期に生まれた私前後の世代の人間にとってプロ野球選手はあこがれの最たるものであった。小学校に上がるまでは、ほとんどの男子の夢はプロ野球選手だったといっても言い過ぎではない。しかし、小学校、中学校へ上がるにつれ、皆現実を少しずつ思い知らされ、高校へ進む頃には、多くの少年たちは「身の程」を知ることになる。

でも実は心の中ではあきらめていない。ある日突然、何かのきっかけで、野球部から声がかかり、あれよあれよという間に甲子園のヒーローになっている自分の姿を。

しかし、やがて人気漫画「タッチ」の主人公上杉達也の姿に自分を移し替えた少年たちも、大学に進む頃には、南ちゃんなんていないことを実感し、やがてスーツを着た企業戦士になって「二十四時間戦う」ことになっていった。

野球はテレビの前かスタンドでビールを飲みながら観るものに代わってゆく。仕事帰り、試合途中から足を運んだスタジアムでビール片手に、かつて自分があこがれていたカクテル光線に照らされたフィールドに向かって彼らはこう叫ぶ。

「お前らプロだろ！　しっかりしろ！」

そのセリフを昼間、上司や顧客から自分に突きつけられたことを、ほんの一瞬忘れて。

そういうオヤジ世代を尻目に、今なお「プロ野球選手」の夢を追い続けている若者たちがいる。

第二章

プロ野球ごっこのはじまり

「プロ未満」の者を集めた「プロ野球」が増殖している。それは本来、NPBという本当のプロを目指すべき場所であるとともに、プロ野球選手の夢をかなえることができない現実を悟る場でもあるのだが、そこでプレーする彼らにとって、「プロ野球選手になれないという現実」は、受け入れがたいもののようだ。なぜならば、それを受け入れることは、イコール、引退を意味するからだ。

競技に没頭していたアスリートにとって、競技生活から離れることは、「社会的な死」を意味するという。特に日本のアスリートの多くは、競技から離れてしまうと、「ただの人」どころか、次に何をしていいのかわからず、社会の中で立ちすくんでしまうというのだ。

若年層の労働環境が悪化した一九九〇年代以降、それなりのスキルや学歴がないと、いや、たとえそれらがあったとしても、学卒後の就職は困難になった。そして、若年層を取り巻く就業環境が悪化してきた時期と、「スポーツでプロになる」という夢を抱き、それに挑戦するさしたる競技実績もない若者の姿がメディアで礼賛されるようになった時期は、軌を一にする。

野茂英雄が、単身アメリカにわたり、日本人、アジア人にとっての「バリア」を破ったのは一九九五年。あの日から、若者たちはプロ野球選手、あるいはメジャーリーガーという見果てぬ夢を追い始めたのである。

同じ一九九五年の夏、私は本場のベースボールを追って北米大陸をさまよい歩いていた。そんな中、私はある日本人大学院生のアパートにしばらく転がり込んだのだが、彼は、アメリカと日本の社会を比較してこう言っていた。

「日本なんて、アメリカから十年遅れてるんだ。今のアメリカをよく見ておけ、十年後同じことが日本で起こっているよ」

その時、私はバスが一日数本しか走っていない田舎町に、プロ野球チームがあり、そこで安月給でプレーする選手が多数いることに、アメリカのベースボールの裾野の広さを感じるだけだった。彼らのプレーはメジャーリーガーのそれに程遠く、実際彼らの中から夢の舞台に立って大金を手にするようになる者はほとんどいなかった。日本と違い転職の多いアメリカでは、学校を出てすぐに就職しなくても、さほどハンデにはならない、つまり雇用の流動性が高いからなのだ、と自分を納得させたのだが、翌年帰国してみると、日本もいつの間にか、大卒後すぐに就職することが当たり前ではなくなっていた。

私自身もその中のひとりになるのだが、巷にはフリーターがあふれ、ニートという言葉はまだなかったものの、無職の若者が急増していた。そしてその中の一部は、ひきこもりと呼ばれるようになっていた。

彼の言うとおり、十年後、日本にも独立リーグができた。

「プロ野球」という幻想の末路 ―二〇一〇年―

二〇〇九年に四チームで発足したカンドクは、その後、次第にプロ野球の体をなさなくなっていった。なんとか初年度のシーズンを乗り切ったものの、翌年には早くも分裂状態に陥っていた。比較的資金力があるとみられていた球団は、脱退して新リーグ、「ジャパン・フューチャーズ・リーグ」を創設したものの、他に加盟球団を集めることができず、老舗の四国九州アイランドリーグとの交流戦により、かろうじてリーグ戦の体を整えることになった。

三球団になってしまったカンドクは、韓国資本の新チーム、「コリア・ヘチ」を招き、四チームによるリーグ戦の枠組みをなんとか維持することに成功した。しかし、国内独立リーグ最高だった一律二十万円の選手報酬は大幅にカットせざるをえなくなり、基本給八万円プラス活躍に応じたオプションということになった。その結果、好選手の多くは、他の独立リーグへ去っていった。プレーレベルが落ち、マイナスイメージのこびりついたリーグにファンが集まることはなかった。

新たに参入した韓国人球団、コリア・ヘチは、大阪市街のはるか東、奈良県との県境の山中にあるグランドをホームグラウンドにしていた。公式戦のホームゲームのほとんどをここで消化するほか、普段の練習もここを借り切って行っていた。前年シーズンも、大阪球団が、ここで数試合を消化したものの、交通の便のきわめて悪いこの球場の客の入りは惨憺たるもので、ひどいときはわずか十五人ほどが、ホームベースの後ろに申し訳程度に建つスタンドに散らばっていたという。

ここは高校野球でも使用することは少ない、少年野球か草野球専用といっていい球場だった。山麓にあるＪＲの駅から一時間に一本程度のバスしかアクセスがないというのでは、常識的には観客を集めることを前提にした試合は組めない。外野に芝もないフィールドもプロがプレーするレベルには程遠い。

この球場にはかつて私自身も足を運んだことがある。もちろん、草野球をするためだった。あの野球場で繰り広げられる「プロ野球」とは、どんなものだろう。

そう思い立った私は、電車に揺られて、バスに乗り換え、この山の上の球場に向かった。公式戦を行うなら、せめてシャトルバスくらい出せばいいのに、と思ったが、最寄り駅からの路線バスには二、三人の乗客しかいないのを見て、それがいいアイデアではないことを悟った。

この日、観客のほとんどいない球場で、見慣れないユニフォーム姿がグランドに散らばっている風景は、一見すると草野球にしかみえなかった。

どうしてこんなところで、それも公式戦を行うのだろう。

野球王国の関西では、学生野球から草野球、少年野球に至るまで、あらゆるレベルのチームがグランドの確保にやっきになっている。その上、この二〇一〇年からは女子プロ野球までもが参入してきて、週末の試合場が確保できなくなっていたことが大きな要因のようだった。

地方で展開されている他の独立リーグは、地元自治体が試合場の確保に積極的に協力してくれるが、ただでさえ球場の足りない関西、とくに大阪では、新興の独立リーグを優遇するわけにもいかない。もしかすると初年度のゴタゴタのマイナスイメージも影響していたのかもしれない。

バスを降り、球場のあるスポーツセンターに辿り着くと、公園事務所の脇に机が並べられていた。それがチケット売り場だった。そこに陣取っていたのは早足で私の前を歩いていった同じバスの乗客だった。男はこの日の対戦相手・紀州レンジャーズの応援団の一員で、その隣にいたコリア球団のボランティアともに、その日のチケット販売を担当しているのだと説明してくれた。

試合は、コリアのワンサイドゲームだった。リーグ参入間もないこの韓国人球団には、兵役のため韓国プロ野球を去ることになった選手や、ＮＰＢを経験した在日韓国人選手が在籍し、野球をする場

生駒山中で行われたコリアヘチの試合（2010年6月　大阪市大東市龍間球場）

がなくなったような日本人選手をかき集めてロースターを固めた他球団を戦力で圧倒していた。

強力打線の前に、紀州は次々とリリーフをつぎ込む。しかし、後から出てくる投手ほど技量が落ちていくのは、独立リーグの常。しまいには、勝負そのものの行方より、試合がいつ終わるのかの方が気になってしまった。

ネット裏では、小柄な選手がスピードガン片手にスコアをつけていた。練習生だと言う。公式戦には出場できず、文字通り練習にのみ参加する存在であり、もちろん給与は出ない。

彼は無名の高校で野球をしていたが、野球部の水が合わず、途中で退部したらしい。その後、専門学校に進学したが、リーグの発足を知りトライアウトを受験した。しかし、高校野球を途中でドロップアウトした選手が、独立リーグとはいえ、「プロ野球」のテストに合格するはずもなく、彼は結局大阪球団に練習生として採用された。しかし、練習生とは名ばかり、実際は雑用係だったという。結局、そのチームでは選手契約を勝ち取ることができず、チャンスを求めて紀州へ移籍してきた。

そんな彼でも、最終目標はＮＰＢだと真顔で言う。普通なら高校野球を途中で辞めた時点で夢は潰えそうなものなのだが、そうは考えない。彼らの思考はあくまでポジティブシンキングだ。

内野手の彼は、高校での途中退部の原因を、練習についていけなかったからではなく、「イップス」のせいだと自己分析していた。つまり、彼の中では、この「病気」さえ治れば、プロ並みのプレーをすることができるようになるのだ。イップスとは、心因的な原因から送球が安定しなくなる病気のことだ。野球選手にとっての一種の職業病で、ＮＰＢの選手やメジャーリーガーでもこれになってしまう選手も少なくない。

彼は、自分がその病にかかってしまった原因について、こう吐き捨てた。

「指導者が悪かったんですよ」

独立リーガーの多くが口にする台詞だった。確かに、日本のいわゆる「体育会」的な運動部の風潮では、指導者はミスをどなりつけることによって選手に「根性」を植え付ける傾向がある。そのせいで萎縮してしまって、本来の力量を発揮できず選手生活を終わるものも多いだろう。

彼は自分が置かれた環境のせいで、独立リーグなどという回り道を強いられているとでも言いたげな表情を見せた。

マウンドでは、地元国立大学出身のリリーフ投手が四球を連発していた。その球筋は明らかにプロのそれには見えなかった。私が大学時代在籍していた準硬式の四部リーグにいてもおかしくはないレベルだ。球威のない球が、ホームベースをさけるようにキャッチャーミットに収まってゆく。

「ああ、またただ。いつもこれなんですよね」

ネット裏で練習生がつぶやいた。その口調からは、自分ではなくなんでこんなやつが選手登録しているんだ、という心の中が垣間見れた。この場をプロ予備軍の集まるところ、という幻想を抱いているうちは、彼が夢から醒めることはないだろう。「プロ予備軍でもこの程度だ、ならば俺だって」と錯覚する若者はここでは後を絶たない。


その練習生に声をかけてきた少年がいた。その表情にはまだあどけなさが残る。体もまだできあってはいない。聞けば、「ユース」の生徒らしい。

紀州球団は、二年目シーズンを前にして、「ユースクラブ」を立ち上げた。それまでも、部活を「引退」した中学生を対象とする「野球教室」を球団の運営主体であるスポーツクラブが行っていたが、これとは別に、高校野球をドロップアウトした高校生の受け皿として野球を活用しようというのだ。

当時「元プロ」は、高校以上の学生選手に指導することはほとんど不可能だったが、部活からドロップアウトした選手を指導する分には規制は存在しなかった。ここに集まる少年の多くは学校という場からもこぼれ落ちたものが多い。ようするにスポーツを利用したフリースクールだ。

この球団の最終目標は、ヨーロッパのスポーツクラブだという。ヨーロッパといえば、サッカーで有名だが、プロサッカーチームを所有しているクラブは、プロクラブの運営だけでなく、その下部組織のアマチュアクラブや他のスポーツのチームも運営している。

クラブの運営は、会員の納める会費と、スポーツで汗を流した後、会員がくつろぐラウンジの収益などで行われる。トップチームはプロ興行を行い、そこで収益を出し、選手は報酬を手にする。頂点にプロチームをいただくことで、会員のアイデンティティは高まるし、ピラミッドを構成する若い選手の競技のモチベーションを保つ要因にもなる。

紀州レンジャーズも、当初は、クラブチームとして発足し、学卒後の野球選手の受け皿として活動を始めたのだが、途中でいつの間にか話が大きくなって、プロ化したのが現実なのだろう。たしかに、ヨーロッパのプロクラブのように成功を収めれば、スポーツクラブのシンボル的存在になったのだろうが、この試みは少し早すぎたようだ。

ユースクラブは、野球を通じた青少年の育成という高尚な理想の元にできたものだった。ドロップアウトした少年に野球をする場を与えて、そこから社会に通用する人間を育てようという試みである。ユースの選手は、レンジャーズの練習に参加しながら野球を学び、通信教育で高校を卒業する予定だった。

確かに、いまだ学生スポーツに残る旧態依然とした「体育会系」の体質や、日本の教育の病巣とでもいえるいじめの問題から中学や高校段階で道を外れる少年は後を絶たない。これを本人のパーソナリティの問題に帰することももちろん可能であるが、外的な要因も多いだろう。恵まれた素質を持ちながら、入った野球部の体質に合わなかっただけで、その後のキャリアをつぶしてしまうことは、本人にとっても球界にとっても損失である。

しかし、このユースクラブには大きな悩みがあった。いまだ単独チームを組めるほど生徒が集まっていないこと。そして、たとえここで野球のスキルをあげたとしても、その生徒をプロクラブのレンジャーズと契約させることができないことにあった。

それはなぜか。プロアマ規定のため、一旦選手契約を結んでしまえば、その後、選手が大学野球を希望しても学生野球にはプロ経験者は参加できないからだ。その選手にとって大学への進学は、野球を辞めることを意味する。社会人野球に進むにしても、一チームあたりの元プロの受け入れ人数に制限のあった当時、独立リーグ出身の選手は、元NPBの選手に押し出されてしまう存在だったからだ。

そのような厳しい現実をあの少年はわかっていたのだろうか。

先の「韓国人球団」は、この後、後期シーズンから、その名を「韓国ヘチ」を名を変えた。「コリア」でも「韓国」でも、同じことではないかと思うのだが、この球団も結局、資金不足に陥り、運営会社をいったん解散させたため、このような措置をとったようだった。

シーズン当初に発表されていたカンドクの韓国遠征の計画は、無論実施されることはなかった。

プロ野球ごっこの終焉

カンドクは、プロリーグとしては実質一シーズン半しかもたなかった。

二〇一〇年六月十八日付日本経済新聞の「関西独立リーグ給与不払いへ」の記事には、韓国資本のコリア球団を除く三球団が、六月分から給与の支払いを中止する発表が記されていた。

とにかくリーグ戦を最後まで続けることを最優先にするための措置ということだが、選手に報酬が支払われなくなるということは、このリーグが「プロ野球」ではなくなってしまったということだ。

そもそも「プロ」を名乗るレベルのプレーを彼らは見せてはいなかったが、他リーグをクビになった選手や、同じカンドクの球団から戦力外を言い渡された選手を寄せ集めた陣容ではそれも仕方なかった。投手に関してはさらに悲惨な状態で、各チームとも主戦級以外が投げる試合は目も当てられない状況だった。

惨めだったのは、この報道を行ったメディアがほとんどなかったことだ。五大紙でこれを記事にしたのは二紙のみ、それもスポーツ欄の片隅に数行書かれているだけだった。前年の運営会社の経営破綻の際には新聞やテレビでそれなりに大きくとりあげられたが、サッカーのワールドカップの話題で巷がにぎわっている中、目玉の「ナックル姫」が去ったこのリーグには、もはや報道の価値すらなくなっていた。

選手にとってはたまったものではない。契約社員として入社した会社から、明日からはボランティアで働いてくれと言われているようなものだ。しかし、ほとんど無人の球場での興行では、肝心の収入がほとんどない。ない袖は振れぬというのが各球団の言い分だった。

この発表からひと月ほどして、リーグを事実上取り仕切っている紀州球団の社長と連絡が取れた。「非プロ化」について尋ねたが、彼の認識は、引き続き「プロリーグ」だという。「非プロ化」は、マスコミが勝手にでっち上げたことで、若者にチャンスを与えるという自分たちの理念も終始一貫して変わっていないことを強調した。当面のリーグ運営は、紀州球団が属するスポーツクラブの運営母体であるNPO法人が行うが、各球団の運営は従来通り、各々の運営会社に任せるという。

運営会社をNPO化する一番の理由は、経費節減らしい。NPO法人だと地域スポーツの振興という大義名分が立ちやすく、県営の施設の無償での借り受けに内外からの反発も出にくくなる。また、それ以外の支援に関しても地元企業からの援助を受けやすくなるという。

もともと紀州球団は、NPOとして立ち上がった経緯がある。カンドクが発足してこれに加盟する際、リーグから分配金をもらう関係上、株式会社である必要があったので、これを設立し野球チームの運営を任せたが、周知のとおり分配金は支払われなかった。

紀州球団の場合、野球チームだけが株式会社にあり、スポーツクラブや野球塾、ユースチームの運営はNPO法人が引き続き行っていたことがある意味幸いした。こちらには、サッカーくじの収益金がスポーツ振興費として入ってきていたので、ある意味順調だった。

選手はNPO活動の参加者となり、試合興行によって黒字が出た際には、報酬を手にすることができるらしい。試合観戦には従来と同じように入場料が必要で、選手にも条件付ではあるが報酬が支払われるシステムになっているので、カンドクは引き続き「プロ」であるのだと彼は言い張った。

新リーグに走った激震

時間を戻す。

二〇一〇年加盟予定だった三重スリーアローズのリーグ脱退について聞かされたのは、初年度二〇〇九年シーズン締めくくりの「オールスター戦」でのことだった。

次年度の運営を巡って他の三球団が対立したことが原因らしかった。選手にシーズン中アルバイトを認める代わりに報酬を月八万円にして経費を削減しようという三球団に対して、三重球団がそれでは選手が野球に専念できないと異論を唱えたのだ。

アメリカのマイナーリーグもこれくらいの薄給は珍しくない。しかし、向こうではシーズンが始まれば休みなく試合が続くので、選手は給料を使う暇もない。住居についても、ホテルかホームステイ先を用意してくれる。遠征時には、ミールマネー（食費）が支給される上、宿代も球団持ちだから金は一切かからない。月八〇〇ドルでも十分に貯金ができる。

しかし、試合は主に週末で、なまじ暇の多い日本の独立リーグではそうもいかない。生活費は自腹だし、寮を提供してくれる球団でも、家賃と食費を合わせて五、六万円、多い球団では十万前後が徴収される。日本の物価を考えるとそのくらいはかかるのだろうが、八万円の月給は生活するのにぎりぎりの報酬ということになる。

この方針のため、野球をやめる羽目になった選手もいた。ＭＬＢ傘下のマイナーでプレーした経験をもつ神戸のある選手は、カンドクを一年で辞めた理由をこう説明してくれた。

「球場近くのアパートを寮にして、選手は全員入ることになったんです。給料八万で寮費五万だと三万しか残らないでしょ。ちょうどその頃、球場までの移動用に車を買ったんですが、そのローンがまだ残っていたんで、これまでどおり実家から通っていいか聞いたら、全寮だっていうんで辞めました」


三重球団は、あくまで選手に野球に専念できる環境を提供することを求めて、脱退という道を選んだが、この時期、リーグ運営会社は三重のオーナーが取り仕切っていた。その上、親会社が撤退した大阪球団の運営資金も三重球団が出していたらしい。事実上のオーナーである三重球団の脱退を受けて、オールスターの数日後にはチャンピオンチーム・大阪ゴールドビリケーンズの脱退も発表された。大阪球団は三重が立ち上げた新リーグに加入することになった。


三球団となったカンドクは当然、新規の参入チームを探さねばならないし、新リーグも二球団では、まともなリーグ戦もできない。この後、フランチャイズの争奪戦が始まった。

まともなリーグ戦を行うには、最低カンドクは一球団、新リーグは二球団を確保せねばならない。しまいには、明石球団のアイランドリーグへの鞍替えまでささやかれるなど、世間の無関心をよそに関西地区を巡る独立リーグの再編騒動は混迷を極めた。

結局、カンドクは先述の韓国資本による韓国人チームを大阪に置くことで四球団制を維持した。同志を集めることのできなかった新リーグは、四国九州アイランドリーグとの交流戦を公式戦に組み入れることで、リーグの体裁を整えた。

既存リーグの助け船に乗った新リーグは、アイランドリーグ、BCリーグと選手報酬について足並みを揃えることになり、二〇一〇年シーズンを前に日本の独立リーグは、カンドクのみが低い報酬で選手を集めることになった。

そうなると当然のように、カンドクから他リーグへの選手流出が起こった。選手不足に陥ったカンドクの各球団は、他チームをクビになった選手を再雇用するか、新たにトライアウトを行って選手を補充したが、報酬の高さにつられてか、トップ選手の多くが、脱退した球団に移籍していった。

脱退した球団が立ち上げた新リーグ「ジャパン・フューチャーズ・リーグ」のファーストシーズン、カンドクにとっては二年目に当たる二〇一〇年夏に事件は起こった。

巷が角界の野球賭博騒動で沸き返っている中、新リーグに寝返った大阪球団で八人の選手がNPBの試合に関わる賭博に関わっていたのだ。

事件発覚時、大阪球団は「選手の将来のため」という理由から選手の実名の公表を控えた。しかし、賭博に関わった選手は全員解雇処分という決定もなされたので、事件を起こした選手が誰かは明らかだった。

巷は相撲界の不祥事に非常に厳しい視線を注いでいる。同じスポーツを行っているプロリーグの選手がそのスポーツを種に賭け事に興じるという行為は、許されるものではなかった。

七月八日、大阪球団の経営断念が報じられた。メーンスポンサーをはじめ多くのスポンサーが撤退、資金のめどが立たなくなったらしい。当面は、プロ契約を望む選手には三重など他の独立プロチームへの移籍の斡旋、チーム自体はアマチュアのクラブチームへの転換を図り、野球を続けたい選手の受け皿になっていくということだった。

しかし、クラブチームになるとしても、いったん「プロ」になった選手が全員アマチュアクラブでプレーし続けることは当時難しかった。

事件発覚後、新リーグ側が泣きついてその継続を要望したアイランドリーグとの交流戦は、一旦、大阪戦を三重が肩代わりして実施することになった。フューチャーズリーグはたった一球団で、他リーグとの交流戦のみを実施する世にも奇妙な「リーグ」となった。ところが状況は二転三転し、大阪球団は新たなスポンサーを見つけたからと、リーグに「復帰」することになった。

結局、フューチャーズリーグは何とかシーズンを終えた。三重が優勝を決めた最終戦、大阪住之江のグランドには、とうの昔に現役を引退したはずの監督の元近鉄の村上隆行や元日本ハムの西浦克拓、元巨人の石毛博史がフィールドでプレーした。

心配された運営資金は結局、選手、指導者が身をもって支払った。シーズン途中から滞っていた給料は結局支払われることはなかった。

残された三重球団は、翌シーズンはアイランドリーグに正式に加盟したが、四国や九州までの遠征費とリーグ参加料に耐えかねて、結局二〇一一年シーズン限りで消滅した。この際、アイランドリーグの関係者はこうつぶやいていた。

「カンドクや三重にはさっさと撤退してほしいのが本音ですね。独立リーグ全体のイメージが悪くなりますから」

カンドクと、ここから分立したフューチャーズ・リーグ。両リーグの六球団の中で、その給与でまともに生活できた球団はほとんどなかった。後期シーズンから給与の出なくなったカンドクでは、選手にアルバイトを認めた。生活のためにアルバイトを始めた選手たちは、野球に専念することもできず、むしろ、仕事優先の生活になっていった。

彼らはフリーターになったのだ。野球をするフリーター。

それでも彼らが、独立リーグでのプレーに執着した理由。それは、これらのリーグが「プロリーグ」の看板を外さなかったからだろう。

実態がどうであるのかは、彼らにとって二の次だった。「プロ野球」という聞こえのいい場に自分が身を置いていることが、彼らのアイデンティティを支え、本当の意味でのプロ野球選手にはなれない現実を忘れさせてくれるものだった。

「なんちゃってプロ野球選手」であることは、彼らにとって社会の中で自分の居場所を見つけるツールと化していたのだ。

第三章

「なんちゃってプロ」であることの救い

独立リーグでプレーする中の少なからぬ者が、「プロ野球選手」とは名ばかりの「なんちゃってプロ」――。とくにカンドクについて言えば、プレーに対する報酬が支払われないことになった時点でプロを名乗る資格はなくなったと言える。それでも、リーグ当局は「プロ」の看板を捨てようとは決してしなかったし、選手の方も声をあげて抗議することはなかった。なぜならば、彼らの多くにとって、そこがNPBへの登竜門であること、好きな野球を職業にできることはすでに大きなことではなくなっていた。ただ「プロ」であることが、自らの存在を社会の中に見つけ出すツールとなっていたからだ。

毎年、プロ野球のキャンプインを迎える直前になると、某県某所である集まりが開かれる。下は十代終わり、上はアラサーまで。十数名の若者が集まり、数日にわたって「合同自主トレ」を行う。参加者のほとんどは、これが終わると、各々プレー先を探して日本だけでなく、世界各地に旅立つ。この時点ではほとんどの者が無職かフリーターだ。そういう彼らが、平日の真っ昼間から、スポーツ施設を借り切って野球の練習をしている。

彼らは誇らしげにその様子をSNSに発信する。はたからみれば、草野球マニアとさして変わらないこの行為も、「頂点」を目指す「プロ野球選手」と自らを規定することで、彼らの中では十分に合理化できる。

二〇一〇年七月、兵庫県三田市。

梅雨明けのスタジアムはすっかり夏の日差しを浴びていた。神戸ナインクルーズは、地元自治体の支援の下、二年目となるシーズンを町の市営球場に腰を据えて送っていた。この日の試合は、韓国人チームを迎えてのダブルヘッダーだった。

リーグは先に所属球団の選手への給与支払いを打ち切る旨を発表したが、韓国人チームだけは、選手のほとんどがアルバイトができない興行ビザで来日した外国人のため、引き続きリーグから給与が支払われることになった。それまではリーグ規定の基本給八万円のほか、五万円の住宅手当が支給されていたが、リーグはこのうち住宅手当部分を支払い、基本給はカットした。ようするに、住むところだけは用意してやるから、それまでの蓄えでなんとかしろということである。

ふたりいた在日コリアンのうち、元NPBの選手はすでに退団していた。残ってプレーすることを選んだもうひとりは、アルバイトを始めたという。それでも生活は決して楽ではなさそうだった。大阪市内のコリアタウンと呼ばれる一角に住まう彼らには、同胞からの差し入れがあった。これが生命線だった。

この窮状に、多くの韓国人選手が去って行った。この時点で六人がすでに帰国。主力が次々と抜けていく中、いつの間にかチームも最下位に沈んでいた。五月に試合を観たとき、ひときわ際立っていたスラッガー、ソン・ジファンは、その月のうちに韓国プロ野球（KBO）への復帰を果たしていた。皮肉なことに、これがカンドク出身者初の「プロ入り」だったが、これについて報道するメディアは皆無だった。

ネット裏では、神戸球団のオーナーが、スポンサーらしき人物と話をしていた。リーグが立ち上がったとき、「世界初の女性プロ野球球団オーナー」としてちょっとした話題になった人物だった。本業は、ミネラルウォーターの宅配事業だという。意気揚々と独立リーグ業界に参入したものの、思い通りにはいかず悪戦苦闘している様子が、二人の会話からうかがえた。

スポンサー氏は、オーナーに球団経営に関して矢継ぎ早に尋ねる。監督、コーチを含めた現場が二十三人、フロントスタッフ五人という小所帯でも、それなりに経費はかかるようだった。

元NPBの指導者の年俸は三〇〇万から四〇〇万円。こんな条件でも、いくらでも人が集まるらしい。人気チームでちょっとでも活躍すれば、引退後は解説者で十分に食えるのは昔話のようだった。

選手の月給は月八万、これが七か月支給としても一人当たり五十六万円。これがこの年のカンドクの選手の「年俸」だった。神戸球団はこれさえも払えなかったらしく、シーズンが開幕前に、他球団から移籍してきた何人かの選手とは、「育成選手」として契約した。彼らの報酬は正選手の半額。月額にして四万円、大学生の小遣いレベルだ。

実際にはこの年から全寮制となったため、正選手でも寮費や税金などが差し引かれて手取りは二万五〇〇〇円ほどだったというから、育成選手は現金を手にしていなかったかもしれない。そして、フロントスタッフは全員無給のボランティア。オーナーの同級生が手弁当で球団を支えていた。

毎試合、閑古鳥の鳴く状況では、試合に使用するボール代にも事欠いていた。格安の一個五〇〇円のボールでやりくりしているが、一試合に三ダース使うと、それだけで二万円弱はかかってしまう。

「監督さんがピッチャー出身なんで、こだわりがあるみたいなんです。これだけは譲れないって、新しいボールを使いたがるんですよ」

プロレベルでは、試合球は、一度ファールでもすれば使い物にならなくなる。こんな小さなことでも、見込みが違っていたということなのだろうが、これらの「企業努力」により、このシーズンの人件費は総額でも三〇〇〇万円以下に抑えられた。これに諸経費を加えると五～六〇〇〇万円らしい。一般的に独立リーグの運営にかかると言われる一億円の約半分だ。

しかし、この経費ですらオーナーには出す余裕はなかった。「道楽」で本業を傾けるわけにはいかない。シーズン半ばで、選手報酬の支払いは止まった。

オーナーとスポンサー氏の話は、選手の就職先の斡旋に移っていった。プロ球団が選手の就職のため奔走するのも変な話だったが、すでに選手への給与支給をやめていた状況においては、選手の受け入れ先を探すことは急務だった。スポンサー氏は、これまで以上に地域貢献に力を入れるようオーナーに要請した。

「野球教室、どんどんやってくださいよ」

スポンサー氏が去った後、オーナーに話を聞いた。彼女もまた、「地域貢献」という理念に魅せられて独立リーグに参入したらしい。

NPOとして運営していきたい、というオーナーの意思とはうらはらに、分配金の都合があるからと、リーグ発起人、つまり先に破たんした運営会社の社長に言われるがまま、株式会社を立ち上げることになったという。

「なのに結局こんなことになって」

本業の経営に加え、見込みとは大きく違った独立プロ野球球団の経営に疲れ果てていたのか、オーナーは大きなため息をついた。

スポンサーがその拡充を要求していった野球教室は、神戸球団が行っていたものではなかった。このシーズンからチームの主将になった高井信正（仮名）が、収入の途になればと始めたものだった。彼は、リーグ発足の前年は、明石レッドソルジャーズに在籍していたが、シーズン半ばで解雇を言い渡された選手である。この時点で二十五歳。一旦進んだサラリーマンの道を外れ夢を追って飛び込んだ独立リーグであり、ＮＰＢへの最後の望みを絶たれた彼は途方にくれた。

とりあえず、知人を頼ってクラブチームに入団、これが現役最後だと思いながら、全国大会予選が終わるまで三週間ほどプレーし、九月に「引退」した。その直後に、大学時代の恩師から連絡があった。指導者としての誘いだった。地方大学の職員として勤務し、二軍三軍のコーチをする、あるいは付属高校の教員として高校生を見て欲しいというものだった。もともと教員志望で、高校野球の指導者を目指していた高井にとっては願ったりかなったりの話だった。

しかし、ここにプロアマ規定が立ちはだかった。

当時、アマチュア球界の扱いは独立リーグも「プロ」だった。独立リーグでプレーした者が高校生以上を指導することには大きな制限が課されていた。

結局、この話は流れ、貯金の尽きる十月終わりまで住まいのあった明石で過ごした。

「サラリーマンに戻ろう」

そう考えていた矢先に、神戸球団の入団テストの話が耳に入ってきた。自分の中ではすでに選手としては引退を決めていたが、高井は受験することにした。

「正直受かるとは思ってませんでした。スタッフとして採用してくれないかなって程度でした」

あくまで指導者への道として受験したテストだったが、結果は意外なものだった。合格の知らせが来たので、スタッフとしての採用だと思い足を運ぶと、選手契約書が目の前にあった。

「レギュラーとして期待している。主将としてチームを引っ張ってくれ」

地獄から天国へとも思われる球団からの言葉だったが、それはある意味、二年目を迎えようとしていたこのリーグのレベルを示していた。

そのことは彼自身自覚していた。

「戦力は昨年と比べてもリーグ全体でもダウンしてますね。ウチのチームも個々の実力ははっきり言ってないです」

加えて、選手間の実力差も大きいという。正直なところ、このリーグの下位レベルの選手の実力は、軟式野球のトップレベルにも及ばないだろう。そういう選手のプレーが金を払って見るに堪えうるものでないことは容易に想像できる。実際スタンドから「まじめにやっているのか」とヤジが飛ぶくらい、選手のプレーにも差があることを、彼自身が認めている。

このリーグの現実を彼はこう語ってくれた。

「NPBにあこがれて入ってくる者もいますけど、本当にプロに行きたいって考えているのは少数派でしょう。とにかく野球に関わりたいっていうのがほとんどで、単に野球を続けたい選手が四割くらいだと思います」

彼はカンドク以前にも、四国アイランドリーグに在籍していた。しかし、地方大学リーグベストナインの実力も通用せず、この時点ですでに自分の力量の限界を感じていたという。その後、関西に出て、アルバイトをしながらクラブチームで野球を続け、カンドクに参加したのは、とにかく野球がやりたいという気持ちと、将来指導者になりたいという気持ちからであった。

選手としては見切りをつけ、今後は指導者を目指すつもりらしい。今シーズン限りでの退団を半ば決めていたものの、秋になって自分がどう判断するのかわからないとも言った。

「今、子供をみているんです」

自らが始めた野球教室。無給になったカンドクにあって、生活していくためには、働かなければならない。それならば、子供に野球を教えることを仕事にしようと始めたのだという。最初はボランティアでスタートしたこの活動も、ようやく軌道に乗って、指導者に報酬を払えそうなところまでたどり着いた。だから、個人的には何とか継続したいと考えている。

その一方で、学校から誘いがあればどうしようとも思っている。前の年に彼の就職を阻んだプロアマ規定がこの年の春に改定され、承認が下りれば彼のような元独立リーガーでも学生の指導ができるようになったのだ。流れてしまった話がまた来るかもしれない。

「僕は関西の人間ではないから、ずっとここにいることはイメージできないんですよ」

故郷の広島から教職の話があれば、きっぱり引退しようと考えてはいるものの、一方では野球教室が事業として軌道に乗れば継続したいとも思っている。高井の心は揺れ動いていた。


季節はいつの間にか秋になっていた。

試合前の神戸のシートノック。前年はライバルチームの控えだった正捕手の元気な声がフィールドに響き渡る。野球をしている彼はいつ見ても生き生きしている。しかし、そのプレーレベルはノック練習を見ただけで一目瞭然だった。外野からのショートバウンドしたバックホームの返球はことごとくミットからはじかれてバックネットに転がっていった。良くも悪くも常に前向きな彼は、それが自分の技術の拙さだとは気付いていないようだった。

「外野～！　しっかり返球しろ！」

大きな声が球場にこだまする。この日は、前後期それぞれの優勝チームが雌雄を決するチャンピオンシップの最終戦だった。神戸ナインクルーズのホームスタジアムの小さなスタンドは、いつもより観客が目立った。と言ってもその数は二〇〇人ほどでしかなかったのだが。

試合は対戦相手の紀州レンジャーズの先頭打者ホームランで始まった。いきなりの得点にベンチが湧く。

追いかける展開となった神戸だったが、早速初回に追いついた。二アウトを簡単にとられたが、お約束の拙守が立て続けに起こった。セカンドの内野安打の後、ショートのエラー。続く五番のセンター前ヒットでなんなく同点にした。

白熱するフィールドとはうらはらに、舞台袖では様々な人間模様が繰り広げられていた。スタンドでは、明石球団のゼネラルマネージャーの小坂明（仮名）が立ち話をしていた。

「もう今年で終わりです」

声を掛けると、彼はため息まじりにこう返してきた。

NPBの名門、巨人軍のフロントから新興リーグに飛び込んだ彼もまた、独立リーグという「夢」に魅せられた一人であった。大きな組織の小さな歯車に甘んじることなく、「自前の」プロ野球を築くべく故郷に帰ってきた彼だったが、目の前に立ちはだかった現実は厳しかった。二年間無給で駆けずり回った結果待ち受けていたのは、閑散としたスタンドと相次ぐトラブルだった。

「これからは、野球にこだわらず職を探します」という彼の表情は、さばさばしていた。

TOMINAGA
8
25
22

2年目のカンドク。神戸ナインクルーズの優勝シーン（2010年10月　兵庫県三田市城山球場）

球団の今後については、

「たぶんダメなんじゃないですか。リーグもこれだけレベルが落ちたら苦しいでしょう」

彼の言葉はどこか他人事のようにも聞こえた。

目の前では、彼と同年代の選手たちがそのレベルの落ちたリーグの優勝を争っている。小坂自身、大学まで野球をプレーしていたというが、自分自身がどの程度の選手だったかは語ることはなかった。自分よりはるかに小柄な選手たちがプレーする「プロ野球」を見て彼は何を感じたのだろう。

試合はいつの間にか神戸が逆転していた。ついに優勝の瞬間がやってきた。マウンドにはエースの福泉敬大が立っていた。彼もまた明石球団をクビになったひとりだった。前年の前期は、先発に抑えに大車輪の活躍だったが、後半に入ると突然出番が減ってしまった。不本意な形で一年目のシーズンを終えた彼に待っていたのは解雇という厳しい結末だった。

しかし、移籍したこのシーズン、彼はその実力をいかんなく発揮した。この優勝の後、育成枠ではあったものの巨人からドラフト指名され、ついに夢であったNPB行きを叶える。最後の打者が打ち取られると、選手たちはマウンドに駆け寄り、親会社提供のミネラルウォーターをかけあって喜んだ。

胴上げ後、ファンを見送る選手の中に高井の姿があった。紆余曲折の「プロ」生活三年目で初めてレギュラーポジションを射止めただけでなく、キャプテンとしてチームを優勝に導いた。

しかし、彼はわかっていたはずだ。他の独立リーグでは出場機会に恵まれず、再チャレンジした昨年もシーズン半ばでクビになった自分が、主力選手として優勝を味わえたのは、リーグ自体のレベルが低下したからであることを。そのことを悟ったのか、七月に会ったときは迷っていた彼も、ようやく決心したようだった。

「引退です。自分の実力は十分わかりました」

この優勝を花道に神戸球団も解散となった。

それでもカンドクは三年目となる二〇一一年シーズンの開幕を迎えてしまった。前年前期終了時点で無給になった時点で、プロ野球ではなくなってしまったが、それでも試合をこなせるだけの選手がリーグの門を叩き、「若者のステップの場」の提供と「地域貢献」を掲げる大人たちがそれを受け入れた。

傍目には、もはや引っ込みがつかなくなってしまったので、続けているようにしか見えなかった。おそらくはそのことをうすうす感じている運営者と選手双方は、その現実からは目をそらすかのように、「夢はNPB、そしてメジャーリーグ」と声を張り上げた。

実際、ついにこのリーグから二人の選手がNPBのドラフトに指名されたが、現実的には彼らは例外中の例外と言ってもよく、彼らの後に夢をつかむものは現れなかった。そもそもこのリーグに集まる選手のほとんどにとって、NPBは具体的な目標ではなかった。

ある試合後のことだった。独立リーグの試合では、ファンサービスとして、ホームチームの選手たちが観客の見送りをするのだが、ある選手の周りに数人の女の子が集まっていた。こんなリーグでも「プロ野球」を名乗っている限りはそれなりにファンがつく。いわゆる「イケメン」の選手ならなおさらだ。中には、自分の名前の入った「オリジナルTシャツ」を作って球場で販売している者もいる。ファンの女の子にとっても、NPBの人気チームのスター選手と直に話すことは出来ないが、ここではいつでも話せる。うまくいけば、食事に一緒に行くことができる。

まさに「会いにいけるプロ野球選手」だ。

選手だって、その中で気に入った女の子がいれば、簡単に「お持ち帰り」できる。これもNPBのスター選手なら、メディアの目を盗んでやらねばならないが、ここではその心配もない。サインをねだるチビッ子も彼らを十分に気持ちよくさせてくれる。

自分たちよりはるかに高いレベルでプレーしているプロ予備軍の社会人実業団チームの選手にサインを求めるファンはそうそういないが、独立リーグに身をおいている限りは、サインペン片手に「プロ野球選手」気分を味わえることができる。

その風景のすぐ隣に、白いユニフォームの集団があった。声をかけてみると、練習生だという。さすがに彼らのもとにはファンも集まらない。

そのひとりに尋ねた。なぜ練習生という立場でこのチームに在籍しているのかと。

「ほかに野球をやるところがなかったんで」

彼はポツリとこうつぶやいた。NPBは目標にもしていないという。彼らの言葉は正直だった。無給の独立リーグのロースターにも入れない練習生が、この先NPBからドラフト指名されることなどないと考えるのが普通だろう。彼らはその現実を選手以上にしっかり受け止めている。

しかし、わずかばかりの観客に囲まれ、カクテル光線に照らされながらプレーする快感が忘れられず、「なんちゃってプロ野球選手」から離れられないものたちがいる。

第四章

「夢」の集中治療室

低空飛行を続けながらも、カンドクは三年目のシーズンに突入してしまった。「した」のではなく、まさに「してしまった」とでも言うほかなかった。NPBに二人を送り出しはしたが、有望な選手が集まることはなかった。何しろ無給でアルバイトをしながら野球をするしかないのだ。「プロ」とは名ばかりであるのは、誰の目にも明らかで、「なんちゃってプロ野球」に身を置くことでしか自分の現状を合理化できないものたちしかこのリーグには集まってこなかった。

トライアウトに集まるのは、「野球難民」とでも言うほかない者たちだった。野球での進路を確保できないどころか、就職も決まっていない者が多くを占めるようになった。四国や北陸の有給の独立リーグをクビになった者も集まるようになった。

それは、最後の望みを託すというより、もはや野球以外にすることが思いつかないから、とりあえず野球を続けているようにも見えた。

この年あたりから、選手のプロフィールに輝かしい球歴はほとんど見られなくなり、ドロップアウト歴が目立つようになってきた。

カンドクは、もはや、あきらめねばならない若者の夢を延命させる野球界の「集中治療室」と化していた。

二〇一一年から参入した「大阪ホークスドリーム」。この球団はかつて大阪に本拠を置いた名門球団、南海ホークスのスラッガー、門田博光を総監督に迎え、NPBへの道をあきらめきれない若者にチャンスを与えるという理想のもと発足した。ユニフォームも南海を意識して、そのチームカラーである緑色を採用していた。

先述の通り、この年もリーグ当局は参加球団にプロ契約を求める方針を貫いた。選手たちは契約によって、社会人野球などのアマチュアでのプレーの間口が狭まるのだが、そもそも、彼らはアマチュア球界でもトップレベルではプレーできないのだから、社会人野球への復帰など気にする必要はなかった。

この年の四月に発行されたある全国紙に、この球団をとり上げた特集記事が掲載されている。そのおおまかな内容は以下のとおりである。

球団は他の独立リーグ球団が収益の柱として位置付けるスポンサー集めは一切行わない。医療コンサルティング事業を行う会社を中核とした企業グループを経営している球団代表は、シーズン中のみに選手契約を結ぶ独立リーグの在り方を「雇用七カ月での人材切り捨て」と断じ、選手は全員医療コンサルティング会社の社員として雇用し、月給十五万円を支給するという。選手は普段は系列の医療施設で業務に従事し、勤務後と休日に独立リーガーとして野球にいそしむ。そしてセカンドキャリア対策としてヘルパーの資格取得を目指して、選手には週一回専門学校に通うことを義務付ける。

記事は球団の在り方を「社会人野球のチームがプロ宣言した形態」として筆をおいている。

ならば実業団チームとして都市対抗でも目指せばいいではないかと思うのだが、代表によれば、独立リーグ球団として活動した方が、経費を抑えることができるというのだ。社会人野球の最高峰、都市対抗に出場すれば、運営経費として入場券の購入割り当てが課される。これに交通費・宿泊費などを含めると、この大会だけで最低でも一〇〇〇万円は必要らしい。

これに対し、カンドクへの参戦に際しては、年間二〇〇〇～三〇〇〇万円の費用でチーム運営が可能らしい。この経費には選手への給与はむろん含まれていない。

選手はチームを運営する企業グループが手がける医療施設で働く。代表いわく、「社会人野球より企業の負担が軽く、年六十試合前後のリーグ戦を行うので選手にとってもメリットがあり、野球と仕事、セカンドキャリアに備えた活動を『同時並行的』に行える魅力的なかたち」らしい。

しかし、選手にとってのメリットだという独立リーグでの試合数も、この程度の試合数なら、社会人クラブチームでも普通にこなしている。そもそも彼らの最終目標がNPBであるなら、競技レベルの低いカンドクでプレーするより、都市対抗に出場した方がいいに決まっている。このチームは社会人野球でもトップには程遠いレベルの選手をかき集めて、もはやプロでもなくなった独立リーグに参加したに過ぎない。球団代表はどうしてそんなチームをわざわざつくったのだろう。

黄昏の住之江球場

その大阪ホークスドリームを見に住之江球場を訪れたのは、まだ残暑の残る二〇一一年九月の半ばのことだった。

大阪市の南の端にある公園を歩くと、もう日が沈んでいるにもかかわらず汗が噴き出てきた。三塁側内野入場口には、球団スタッフらしき数人が、おそらくほとんど売れることのないだろう球団のグッズをテーブルに並べて立っていた。

スタッフにまじって前監督の田中実がそこにいた。大阪出身の在日韓国人の彼は、日本ハムファイターズで活躍した後、韓国プロ野球に身を投じ、主力打者として名を馳せた。引退後、カンドクにかかわるまでは不動産業をしていたが、この時の取引が法に触れる疑いがあり、二〇一一年シーズン中に逮捕されてしまったのだ。

結局、不起訴処分となったが、結果的には職を失うことになってしまった。事件のことについては、気にはなっていたのだが、ことがことだけに本人に連絡を取ることもためらわれ、以来消息はつかめていなかった。

「今、無職なんです。なにか仕事ないですかね？」

と愛想笑いを浮かべてくるその姿からは、以前の恰幅のよさは消え失せていた。かなりスリムになり、現役時代を思い起こさせるその姿はかえって痛ましかった。

不起訴ということは、後ろ指をさされることはないはずだ。「無罪」だったのだから監督に復帰してもいいのではないかと思ったが、そうもいかないらしい。

田中に代わって総監督から現場監督になった門田だが、長年持病を患い、今では歩くのにも難儀している状況で、試合には同行しているものの、実際の指揮は選手にまかせているという。それでも発足以来マイナスイメージばかりを世間に植え付けてきたこのリーグに、逮捕者の田中を復帰させる勇気はなかった。メディアもこのお騒がせリーグのマイナス面はすぐに記事にするが、彼が不起訴となったことは全くと言っていいほど報道しなかった。

「野球見ましょうや」と田中に促されスタンドに上がった。席に着くまで、彼は求職の話を続けた。

「どこでもええですわ。なんか野球の仕事ないですかね」

薄暗いナイター照明に照らされたフィールドでは、ホークスドリームの選手たちが白球を追っていた。日々の仕事で疲れているのだろう。彼らの動きは明らかに鈍かった。スタンドからはヤジが飛ぶ。

その野次はいつの間にか、オーナー企業への悪態に変わっていた。

試合後、スタンドの外にはわずかだが出待ちファンが陣取っていた。彼らのお目当ては、現役の選手ではなく、監督の門田だった。かつての名スラッガーのサインをここではいとも簡単に手に入れることができる。

蒸し暑い中待つこと三十分。門田が通用口から出てきた。小さな体で豪快なホームランをスタンドに叩き込んでいた現役時代の面影はもうなかった。病身をおして独立リーグの監督を引き受けるその姿は、引退後NPBの指導者への道を歩まなかった名選手の悲哀を感じさせた。

「今日はもう疲れたから、ひとり一個にしといてや」

と言いながらペンを走らせた。野球殿堂入りもした名選手のサインを求めるファンは十人に満たなかった。

このチームに在籍したある選手の話によると、新聞で報道されていた十五万円というのは手取りの給与で、これは選手として報酬ではなく、「入団」と同時に結ばれる「医療コンサルティング会社」との労働契約に対するものであった。

額面上の給与は月二十四万円、ここから会社は、源泉徴収を行い、社会保険料に加え、一万円の「部費」と五〇〇〇円の「交通費」を天引きするので、選手の手取りは十七万円ほどになる。選手の買取りとされたユニフォーム代がここからさらに天引きされるので、結局、記事のとおり手取り十五万円ほどに落ち着くのだという。

このチームの実態は、選手から徴収する部費で運営されるクラブチームだったと言えるだろう。会社にとって彼らは、「野球選手」ではなく、使い勝手のいい安価な労働力でしかなかった。

結局、選手たちは仕事の合間を縫ってしか野球をすることはできなかった。労働時間のノルマは月一六〇時間。つまり週四十時間の完全なフルタイム労働である。週休二日で「休日」の二日間は基本的にリーグ戦が組まれている。

球団は郊外のグランドを練習用に確保してくれたが、選手たちが勤務終了後に一斉に集まって練習することは事実上不可能だった。さらに病院勤務といっても、彼らに課されたのはその強靭な肉体を生かした力仕事が主だったという。時間的にも、体力的にも退勤後、彼らが練習に打ち込むことは厳しかった。

「練習開始時間は午後六時ということになっていましたが、その時間に間に合う選手はほとんどいなかったですね。職場が遠い人もいましたから。来た選手から各自バラバラにアップを始めて、全体練習が始まるのはだいたい七時ごろでした」とは別の選手の証言だ。

チームのメンバーは三十人ほど、カンドクの他チームと比べてかなり多かった。なぜならば、人数が多ければ多いほど、派遣先の都合を優先してシフトを組んでも、試合ができる最低人数の手配がアレンジしやすくなるからだ。実際、月十数試合あるうち、主力を除くほとんどの選手は五、六試合しか試合に参加できなかった。選手たちの勤務シフトは、球団ではなく完全に会社主導で行われていた。

このチームのメンバーのひとりはこう言う。

「固定メンバーで試合に臨めませんでした。ピッチャーにしても、ローテーションが決まっているなら、先発投手は、自分が投げる試合だけ参加すればいいだろうって発想でした。リリーフなんか毎試合ベンチにいないと意味がないんですよね。控えの野手も一緒、ベンチにいないことには（試合出場の）チャンスももらえないです」

固定給を払っている限りは、フルタイム労働はきちんとしてもらうというのが、親会社の絶対方針だった。医療福祉という業務の性質上、定時に仕事が終わることはまれだった。結局のところ、多くの選手がサービス残業のため、練習にもろくに参加できなかった。

労働条件はともかく、肝心の野球ができないことは選手には耐え難いことだった。選手たちが直談判すると、それならと会社は時給制に切り替えてきた。そこには、新聞で従来の独立リーグのあり方を「雇用七カ月での人材の切り捨て」と唾棄した姿はなかった。

目の前の現実に選手が気づくのに、さほど時間はかからなかった。ほとんどの選手は、シーズン途中に会社を辞め、各自でアルバイトをしながら、チームにはとどまることになった。

セカンドキャリアを見据えながらのプロ野球選手生活と言えば聞こえはいいが、その現実は企業が低賃金で使い勝手のいい労働力を確保するため、「プロ野球」をダシに行き場のなくなった若者を集めただけのことであった。

球団は一応、選手のセカンドキャリア援助として、医療介護関係の資格を取る手助けをしていた。しかし、それも絵に描いた餅だったようだ。

「野球と仕事を両立しながらセカンドキャリアもフォローしますということでした。二週間くらいの講習を受ければ簡単に取れるから、と。でも野球と仕事ですら両立できないのだから、資格なんて取る暇ないですよね。実際、資格を取ったのはマネージャーだけでした。そもそも彼は、医療関係の親会社出身でしたが」

こう話す選手の笑みは乾いていた。

結局このチームは、一シーズン限りでリーグ戦への参加を取りやめた。シーズン後ほとんどの選手が退団し、翌シーズンを戦うめどが立たなくなったからだ。当初はカンドクからは脱退せず、リーグ主催のオープントーナメントに出場を予定していたが、選手もろくに集まらない状況に、これも取りやめ、二〇一二年シーズンは活動することなく、アマチュアのクラブチームへの転換を発表した。

侍レッズの憂鬱 ―二〇一二年―

三年目を終えた頃には、カンドクの存在など世間は忘れたかのようであった。前年のドラフトでは、二人をNPBに送り出したが、細々と続けられていた野球雑誌の提灯記事もむなしく、二〇一一年秋のドラフトでは指名はゼロに戻った。無給の独立リーグからは人材が出ていくことはあっても、入ってくることはなくなり、このリーグは、ドロップアウトして行き場のなくなった若者が吸い寄せられる場へとその立ち位置を変えた。各チームのロースターは大学や高校の中退者が目立つようになり、特別支援学校出身の選手にも門戸を開く球団も現れた。

四年目のシーズンを前に、韓国人球団とホークスドリームが活動を休止したカンドクだったが、これと入れ替わりに同じ大阪を本拠とする「ゼロロクブルズ」が発足した。

このチームはリーグの初代チャンピオンだった大阪ゴールドビリケーンズの元監督で、近鉄バファローズの人気選手だった村上隆行が立ち上げたものだった。ビリケーンズは二年目のシーズンをフューチャーズリーグで送ったが、先述のとおり所属選手の野球賭博事件により解散を余儀なくされた。

野球解説と監督業のかたわら野球塾も主宰していた村上は、野球の底辺拡大の必要性を感じたのだろう。野球を志す若者にチャレンジの場を与えることをあきらめきれず、新球団を設立したのだ。

二減一増。もとの四球団制に戻り、リーグ戦は組みやすい形に戻るのかと思われた四年目のシーズンだったが、ブルズに加えて新たに「阪奈侍レッズ」が加入した。このチームの監督に就任したのは、前年にホークスドリームを解雇された田中だった。

新球団の監督就任を知った後、お祝いを伝えるべく電話をかけた。前年の秋に会ったときは、無職という立場がそうさせたのか、年下の私にさえある意味卑屈な態度をとっていたのだが、監督復帰ということもあって、元ＮＰＢの主力選手にふさわしい堂々とした口調に戻っていたので、ほっとした。「また観に来てくださいよ」。田中は、最後にこう言い残して電話を切った。

二〇一二年シーズンが開幕してひと月ほど経った五月、久しぶりに田中に会いに行った。「奈良県初のプロ野球球団」というのが、阪奈侍レッズのウリらしい。給料も払わないのにプロもないだろうと思うのだが、いまだにこのリーグは「プロリーグ」と名乗ることをやめようとはしない。

県内屈指の橿原公苑野球場は、閑散としていた。ひとつだけ開いていたゲートに事務用の長机が置かれ、そこで木戸銭をとるようだったが、人はいなかった。待っていると、若者が現れた。球団代表だという。年齢を聞くと、二十八歳という答えが返ってきた。大学卒業後、ＮＰＢへ多くの選手を輩出する社会人クラブチームでプレーした元野球選手だった。

引退後はサラリーマンをしていたが、この球団立ち上げの際に前代表から声がかかって、球団経営にたずさわることになったという。

前代表というのは、ホークスドリームでプレーしていた選手の母親だったという。愛息がプレーしていたチームの撤退を聞きつけて、「それなら私が！」と立ち上げたのが侍レッズだったのだ。

リーグ当局は、大きなスポンサーがつくからという、前代表の事業計画を鵜呑みにし、これまで球団のなかった奈良県を本拠地に置くことを条件に新球団の加入を認めた。

しかし、前代表は自分の住んでいるコミュニティのある大阪市八尾を本拠地にする希望を表明したため、リーグとしてもこれをむげに断ることもできず、新球団は「阪奈侍レッズ」という何ともあいまいな球団名を名乗ることになった。

前代表の言う「強力なスポンサー」はいつになっても現れなかった。何年か前のビデオテープを見ているような状況だ。周囲がしびれをきらせ追及した結果、彼女の口から挙がったのは、まだ設立準備段階の会社の名前だった。

開幕ひと月にして球団代表は代わった。先のゴタゴタの中、前代表は球団経営を投げ出したのだ。とは言え、監督、選手はすでに集めているので、解散というわけにもいかず、前代表の口車に半ば乗せられてスタッフとなった新代表が球団運営を取り仕切ることになった。

彼は四方八方を奔走の上、小口のスポンサーをいくつか集め、監督とオーストラリアから連れてきた外国人ピッチャーの給与はなんとか支払うめどをつけた。気の毒なことに、彼自身は無給だった。

昨年秋、監督就任祝いの電話をした時の、田中の言葉を思い出した。新球団のオーナーについて尋ねると、「ようは、わからんのですわ」という返事が返ってきたのだ。当時、田中は無職。職を与えてくれる球団があるなら、オーナーが何をしていようが構わないという印象を、彼のことばから受けた。

侍レッズのもう一つの本拠地、橿原運動公園野球場

二十八歳という若さなら、ここでまたプレーすることは考えないのか、と新代表に聞いてみた。

「したくないことはないですけど……今は球団経営で手一杯です」

彼の笑顔には、疲労感がにじみ出ていた。

夏が終わり、再びこのチームを訪ねた。試合場を見つけるのには随分苦労した。スタンドもない普通のグラウンドで公式戦が行われているとは思わなかった。まさかと思って足を運んだ、高いフェンスに囲まれたグラウンドで、サムライたちは懸命にプレーしていた。その様は草野球と大きく変わらなかった。


翌二〇一三年シーズンを最後にカンドクは姿を消した。最後のシーズンは、侍レッズとスポンサーが撤退した神戸サンズが抜け三チームとなり、もはやリーグ戦の体をなさない有様だった。

瀕死のリーグで、高井信正が代表を務める兵庫球団は、アフリカからの選手受け入れや、大学との提携など新しいアイデアを必死で生み出し、生き残りに懸命になっていた。事実上の前身球団である神戸ナインクルーズの優勝を花道に引退すると言っていた高井は、スポンサー集めなど球団運営に奔走しながらも、いまだ「現役」を続けていた。

大学との提携とは、全日本大学野球連盟に属さない野球部をカンドクの球団の二軍組織とし、元NPB選手の指導の下、NPBやMLBを目指すための英才教育を施すというものだった。

しかし、NPBだけでなく、実業団、大手企業などへのパイプを築いてきた名門大学を選ばず、他大学と試合もできない野球部に野球エリートが進むことはなかった。

「大学野球の新しい形」の実態は、学生募集に窮した大学と、なんとか存在意義を探そうとしている独立リーグ球団の最後の生き残り策だった。

在籍していたある学生選手は、甲子園など夢のまた夢という関東の高校からこの大学の野球部に進んだ。地元関西では学生の評判が決してよろしくはないこの大学にあって、野球部の学生は、「プロリーグ」という目標があるため、普段の学生生活も真面目に送っていたという。確かに細眉、茶髪という選手の目立ったリーグにあって、主将を任されているというその学生をはじめ、見かけからして真面目そうな者が多かった。

しかし、彼らがすがろうとしているパイプラインは、そもそもの成功の見込みが薄いものだった。彼らがつかもうとしている、「新しい大学野球のかたち」は溺れるものがつかむ藁でしかなかった。このリーグで行われていたことは、結局のところ「プロ野球選手」という幻を利用した「夢」の延命治療でしかなかった。

最後のシーズン開幕直後、高井は突然引退を発表した。すでに球団運営業務のため、選手としては開店休業状態だったのだが、監督の計らいでこの時まで選手登録はされていたのだ。ほとんど練習もしていない彼が、「引退試合」となった久々の公式戦でヒットを放って花道を飾ったことは、皮肉にもこのリーグが「草野球」レベルと化していたことを物語っていた。

彼が「現役」最後に放った安打は、三年前に引退を決意しながら打ったあの日と同じ、右中間へのクリーンヒットだった。

第五章

ノマド・リーガー――グローバル化した野球界をさまよう若者たち

独立リーグの出現は、「プロ野球選手」になることを以前よりはるかに簡単にした。この独立リーグという場は、見込みの薄い夢への最後のチャンスであると同時に、夢を諦める場ともなった。

ところが近年では、独立リーグ球団を解雇されながらも、別の独立リーグや別の球団に移籍し、セカンドキャリアになかなか進めない選手が増加している。トライアウトに一旦合格して入団すれば、基本的に自分から辞めない限りプレーし続けることができる無給のカンドクには、そういう選手たちが続々と集まってきた。

二〇一〇年シーズン、私はカンドクの選手にアンケートを行った。回答のあった四十人中、プレー継続について期限を設けていたのは四分の一にあたる十一人に過ぎなかった。残りの者たちは、「可能性のある限り」NPBなどの「本物の」プロ野球を目指すという。

しかし、その「可能性」があるかないのかは、結局のところ本人の意思にゆだねられる。つまり、彼らは独立リーグの存在によって、いつまでも「夢」を追い続けることが可能であるのだ。少なからぬ選手にとって、独立リーグが正規フルタイム就業を前提として実社会に出ることを回避する手段となっている。

ここからは彼らのような、上昇の見込みがほとんどないにもかかわらず、独立リーグなどの底辺プロリーグとフリーターの往復を繰り返す若者たちを、さまよえる「プロ野球選手」という意味をこめて「ノマド・リーガー」と呼んでみたい。

そのうちの一人が、二〇〇九年の創設時から二〇一一年までカンドクでプレーした柴田俊夫（仮名）だ。

彼のライフストーリーをたどっていくと、独立リーグが一種の社会的逃避のツールとして機能している現実が鮮明に浮かび上がる。

独立リーグが「夢を叶える場」であることは間違いない。二〇〇五年に日本最初の独立リーグ、四国アイランドリーグが発足して十年、これまでのドラフトで、実に四十一人の選手が指名された。その中には、日本代表チーム「サムライジャパン」のユニフォームに袖を通した角中勝也（アイランドリーグ高知→千葉ロッテ）や、又吉克樹（アイランドリーグ香川→中日）、一軍でレギュラーを張った内村賢介（BCリーグ石川→横浜）などNPBで成功を収めた選手もいる。この点で、独立リーグは上位リーグへの登竜門としての機能を果たしている。

その一方で、この何倍もの若者がその夢を叶えることなく野球界から去っている。実際は、夢をつかむことのできる選手は例外的とも言える少数派なのだ。

そういう現実にもかかわらず、「夢をあきらめる場」であるはずの独立リーグを転々と移動する選手が年を追うごとに増加している。柴田もまた、そのひとりだった。

フリーターから「プロ野球選手」へ

一九八四年生まれの柴田がカンドクのあるチームに入団したのは二〇〇九年。当時二十五歳だった。身長一七五センチ、体重七十八キロ。アスリートにしては小柄な部類に属するだろう。高校を卒業するまで目立った競技実績もなかった。

野球を始めたのは、小学校三年の時だという。父親に半ば強制的に軟式のクラブチームに入れられたのがきっかけだった。それでもしばらくすると、チームにおいて抜きん出た実力を発揮するようになった。そうなるとプレーも当然のように面白くなり、野球にのめり込んだ。中学に進む頃には、学校ではハンドボール部に所属し、野球はクラブチームと二足のわらじを履くようになった。この頃には、プロを意識するようになっていた。そして、中学卒業後はその実力が認められ、甲子園出場も複数回成し遂げている名門高校に特待生として進学した。ここまでの彼は、野球少年のプロ野球選手へのエリート街道を走っていたと言っていい。

しかし、最初の夏を迎える前に、彼は野球部を退部してしまう。肘を故障した上に、運動部特有のタテの人間関係になじめなかったのが原因らしい。その上、彼は高校まで辞めてしまった。担任教師は、高校中退は将来的に不利になると忠告したが、柴田はこれに耳を傾けることなく、公立校に転校してしまった。

ここで彼は野球ではなくハンドボールを選び、三年まで競技を続けた。野球から離れている間に故障していた肘の痛みはなくなっていた。最後の公式戦の後、ハンドボールは引退したが、彼の運動神経と野球経験を見込んだ教師が、野球部への入部を勧めた。彼は、一か月間だけ野球部に所属し、正捕手として夏の甲子園大会予選に出場した。

予選では、あっさり負けてしまったが、このことが彼を再び野球へとのめり込ませた。高校最後の夏休み、彼はアメリカで短期のホームステイを経験するのだが、これをきっかけに、彼はアメリカの野球にも興味を持つようになった。

彼の高校野球の実績では、卒業後、大学や実業団で競技を継続するのは難しかった。なにしろ高校時代の大半を野球をせずに過ごしたのだから。彼自身も、高卒後の進路に関して確固とした目標を持っていなかった。大学はとりあえず一校だけ受験してみたが、ほとんど勉強らしい勉強もしていなかった彼に合格通知が届くことはなかった。

結局、卒業後、彼はアメリカに旅立った。五万円の参加費と四十万円の現地での生活費を親に支払ってもらい、約三ヶ月アメリカに「野球留学」することになったのだ。

アカデミーと呼ばれる現地の野球学校がしつらえたチームでは、毎日試合をこなした。ここにはMLBのドラフト指名候補の大学生も多数おり、彼らとともにプレーしたことで、自分のレベルを推し量ることができたと彼は言う。

彼の頭の中では、野球エリートと十分に伍することができる実力が備わっていたのだ。だから、帰国後も、野球をあきらめなかった。「プロ野球選手」という具体的な夢ができたからには簡単にあきらめることなどできない。

フリーターとして働きながら、クラブチームで四年間、捕手兼外野手としてプレーし、「さらに上」でプレーするチャンスを待った。

そして彼の「夢」を「現実」に変える場が出現した。「プロ野球」つまり、NPBを目指す若者のプレーの場として、独立リーグが興ったのだ。

二〇〇六年秋、柴田は独立リーグのトライアウトを受験し、これに合格、二十二歳を前にして「プロ野球選手」としての記念すべき第一歩を記した。

しかし、現実は甘くはなかった。シーズンが始まると、彼は控えに甘んじることになった。結局、チームの総試合数の半分ほどしか出場できず、二割台前半の打率しか残せなかった彼は、シーズン終了後、球団から自由契約を言い渡された。つまりクビである。

しかし、彼の「ＮＰＢ」という夢は消えることはなかった。元いたリーグのトライアウトを再受験し、別のリーグのテストも受けたが、結局合格することはなく、再びフリーターに戻ることを余儀なくされた。それでも、飲食業のアルバイトに従事しながら、彼は、以前所属していたクラブチームで野球を続けた。

二〇〇八年秋、彼は再び独立リーグに挑戦した。翌年に発足するというカンドクのトライアウトに見事合格したのだ。再び「夢」への階段をのぼることになった柴田だが、ここでも正捕手の座をつかみ取ることはかなわず、一年限りで退団となった。柴田自身は自発的に辞めたと言うが、球団関係者の話では事実上の解雇だった。

それでも、なにかとゴタゴタ続きのこのリーグでは、プレーの場はまだあった。リーグの先行きに不安を感じた選手の多くが去り、トライアウトにも人材が集まることはなかったからだ。

リーグ二年目の二〇一〇年シーズン、彼は、別の球団に拾われた。他球団をいったん解雇されたということで足元を見られたのか、月給五万円の「育成選手」としての契約だったが、このチームで彼は初めて「プロチーム」で正捕手としてシーズンを送り、チームを優勝に導いた。

「ちょっと不器用ないまどきのアンちゃん」というのが、私が柴田に抱いた第一印象だった。彼に話を聞くと、その話の端々で、自分の野球の技量を「拙い」と評していた。にもかかわらず、最終的な目標はあくまでＮＰＢだと明言する。

最後に彼と顔を合わせたのは、翌二〇一一年シーズンの最終戦だった。その時も彼の目標は変わってはいなかった。少なくとも私の前では。

この時、彼はすでに二十七歳になっていた。常識的に考えれば、この年齢までに選手として目立った実績がなければ、「プロ野球選手」という夢は抱けないだろう。そもそも二十代後半と言えば、NPB入りした選手でさえ、一軍での戦力になることができなければ、見切りをつけられ、他の進路を歩まざるをえなくなる年代だ。

柴田はドラフト指名に関して致命的な障害になるはずの高校野球の中途退部という野球経験でさえ、「だからまだ上手くなれるんです」と伸びしろとして捉えていた。正直なところ、彼のその無邪気な前向きさには言葉が出なかった。

ブログ・リーガー

それにしても、他人からみれば突拍子もない夢を彼が抱き続け、独立リーグという本来なら居心地のいいはずのない場に、なぜ居続けることができたのだろう。

浮かび上がってくるのが、SNSだった。

ノマド・リーガーの多くはブログを開設し、中には「オフィシャル・ホームページ」を開設している者もいる。彼らにとってこの空間は、自分が「プロ野球選手」であることを実感できる居心地のいい場所のようだった。この仮想空間では、普通に考えれば無謀な「夢」の追求が「ファン」によって礼賛される。「プロ野球選手」気取りの彼らを揶揄する悪意に満ちたコメントもままあるようだが、そういう都合の悪い書き込みは削除すればよい。

現代日本の若者の意識は、過去からの一貫性に縛られた自我から変容している、としたのは社会学者の成田康昭だった。彼は現代若者の自我のひとつとして「カプセル型」の自我を指摘している。この自我のもとでは、若者は社会的なそれではなく、自己の尺度を重視し、行動するようになるというのだ。

学卒の年齢になっても正規就労せず、「プロ野球選手」という夢を追い続ける彼らにとって、自らの行動を正当化してくれる独立リーグの場は、彼らの価値観を具現化する「カプセル」である。但し、その場を一歩離れてしまえば、不安定かつ非正規、その上季節雇用という自らの置かれた厳しい現実を自覚せざるをえない。同じ志を持つ仲間であるチームメイトと離れるオフシーズンは、本来なら彼らにとって孤独感にさいなまれる期間であろう。

文化人類学者の加藤恵津子は、日本社会から逃避し、カナダに語学留学する若者について分析し、「自分探し」のため海外に滞在する日本人の若者が、現地で孤独感にさいなまれた時に自己を励ますツールとして、インターネットによる日本人とのやりとりや、日本の音楽を利用することを指摘している。実際に生活している場には、彼らが寄り添うべきコミュニティがなく、それゆえに仮想空間における疑似コミュニティを、現実の人間関係の希薄さを補うために利用しているというのだ。

現代社会において社会の本流から外れてしまった若者にとって、仮想空間における「仲間」とのやり取りは、自身のアイデンティティを保持するために機能している。

柴田にとっても同様だ。彼の活動の場は国内であるが、一般社会との心理的な距離は、ある意味、外国と同じくらい遠いのかもしれない。

競技者として目立った実績もなく、また独立リーグという場においても、卓越した実力を発揮していたわけではない柴田にとって、カンドクという場は、上位リーグへのステップアップの場というよりは、「自分探し」の場として機能していたのではないだろうか。このことは、彼のブログの冒頭にある「俺はずっと自分のやりたいことを探して、フリーターとして生活してきた」という一文にも象徴される。

この言葉はやがて、社会の本流にいる「エリート」たちを見返すという決意に変わってゆく。NPBという実現不可能とも思える「夢」を、知人やファンは、ブログという仮想空間を通して、手放しで応援してくれる。

「夢」を追いかける自分と、独立リーグでもレギュラーポジションを獲得できずにいる現実とのギャップに悩む彼にとって、ファンとのバーチャルな交流の場は、「プロ野球選手」としての居心地の良さを彼に提供していたに違いない。

この空間では、たとえプレーレベルがプロには遠く及ばずとも、NPBのスター選手や芸能人と同じように、自身の思いを不特定多数の人に発信することができる。そして、その数は多くなくとも、ファンがコメントを通じて自分を励ましてくれる。

彼はSNSを使って、公式発表前の試合出場メンバー公開や、ときにはチーム批判などを行っていた。これは、この仮想空間が、シンパで固められた、現実社会と隔絶された空間であるがゆえのことだろう。

ここでは、彼らの行動に異を唱える者は直ちに排除され、シンパたちの肯定的な反応だけが残されることになる。甘いマスクをもつ柴田のブログに投稿されるコメントは、女性ファンからの肯定的なものが多い。これらも柴田の「自己」を肥大化させていったに違いない。

柴田がプレーしていたカンドクの風景。このカプセルから抜け出すには覚悟がいる

ノマド・リーガーを製造する教育という装置

低賃金・不安定雇用の「プロ野球」にあえて「就職先」を求める彼らの動機をもう少し考えてみよう。本来的に、スポーツで稼ぐという行為は、成功すれば大金を手にできるが、そうでない場合は、何の保障もない。ノマド・リーガーのほとんどにとって、成功の見込みはまずないし、それを彼ら自身も本当はわかっていることは、発言の端々から感じ取れる。たいした実績もないまま、高校や大学の野球部を途中で辞めた彼らが、NPBのドラフト指名を受けることはまずない。

とは言え、独立リーグにあっては、柴田のように野球の世界のパイプラインから漏れた者が、実現の可能性が低くても上位リーグへの移動を志向する。

なぜならば、独立リーグとは脱落者の再チャレンジの場であるからだ。

「NPBに行けるんだったら、とうの昔に行ってますよ。学校を卒業するときに、実力があればドラフトにかかってプロに行くんだけど、それが叶わない。でもあきらめがつかないからノンプロへ。それでもダメだった選手がここにいる」

とは、四国アイランドリーグplus・高知ファイティングドッグスの弘田澄男監督の言葉だ。小柄な体ながらNPBのトップでプレーし、WBCの代表チームでコーチも勤めた彼の視線は厳しい。実際、この老舗リーグからでさえ、NPBという「夢」をつかむことができる選手はごくわずかだ。

彼らノマド・リーガーの大多数は、一九八〇年代半ば以降に生まれている。私が彼らを追いかけはじめた二〇〇九年シーズン、独立リーグは国内に三リーグあったが、全十六球団の日本人選手三七三人の内、実に二八四人が一九八四年四月以降に生まれていた。彼らは、いわゆる「ゆとり教育」が本格的に学校教育に導入された一九九〇年代半ば以降に、中学校での教育を受けている。

産業社会に適した人間、つまり「良きサラリーマン」を育成するための画一化した教育は、一九八〇年代半ば以降、戦後教育の負の面として指摘されるようになった。その結果、国家レベルで自由・自立・自己責任を是とする個性重視の教育へのシフトが行なわれるようになった。いわゆる「ゆとり教育」の始まりだ。一九九〇年代以降、学校では、個性化、自由化に主眼が置かれた教育が行なわれるようになったのだ。

教育社会学者の苅谷剛彦は、このような教育のシフトチェンジの中、生徒への押し付けや強制は否定され、結果として、本来学校教育の現場で問題視されるべきドロップアウトが指導の俎上に載りにくくなり、生徒を自己満足、自己肯定へと誘うメカニズムが形成されたと指摘する。

実際の進路指導でも、生徒の選択を優先し、夢や希望を捨てさせないことが基本方針とされるようになり、保護者の側からも「わが子には好きなことをしてもらいたい」という声が強くなった。がむしゃらに働くことが美徳とされた高度成長期を過ごした彼らは、そういう自分たちの半生に疑問を抱くようになっていた。そして「やりたいこと」をたてに若者が職業選択の先延ばしを可能にする状況が出現した。

高校教員経験をもつ評論家の諏訪哲二は、一九八〇年代以降、高校生の意識の中で「一般」がなくなり、「自己」のみが絶対化してきたと指摘している。

リーダー格だった生徒でも実社会に一旦出ると職場に馴染むことができず、少なからぬ者が退職し、その後も定職につかず、ミュージシャンや詩人などの一見クリエイティブな職を目指そうとする傾向を挙げ、現代の若者が妥協よりも「夢」の追求を優先するようになった、と彼は論じる。

教員生活を長らく続けている私自身にも思い当たるふしがある。もう十年以上も前のことになるだろうか。こんなことがあった。

担任をしていたクラスのある女子が、中高一貫私立校を辞めて、進路変更すると言い出したのだ。理由を聞くと、ミュージシャンになるから芸能コースのある単位制の高校に進学するのだという。

彼女の突拍子もない進路変更に、私は母親を交えた三者面談を行なった。しかし、彼女を翻意させるだろうと思った母親が、子どものやりたいようにさせると言うので、立場的にそれを止めなければならない私はずいぶん困った。

そして、彼女の進路希望を聞いた時からずっと抱いていた疑問をぶつけてみた。ミュージシャンになるって、いったいどうやって？　残念ながら私にはそういう職業への道筋が頭に浮かんでこなかったのだ。

「ストリートミュージシャン！」

彼女は無邪気に答えた。ちょうどゆずやコブクロなど、ストリートミュージシャンからメジャーデビューしたユニットが、スターダムにのし上がってきた頃だった。

担任教師としては、そんな雲をつかむような中学三年生の進路希望をああそうですかと容認することはできない。そもそもその学校は、実態はともかくとして、大学進学を目的とした六年一貫教育を看板に掲げていたのだ。おまけに私の担任していたクラスは、学校では一応お勉強のできる生徒を集めた「特別進学クラス」だった。

結局のところ、親子が是とする進路変更を、学校や教師が止めることはできなかった。その生徒は、夢を追いかけて進路変更したが、その後、彼女がどうなったかを私は知らない。少なくとも私は彼女の歌が町で流れているのを聞いたことはない。彼女は今、アラサーと呼ばれる年代に突入している。私が進路指導を行ったこの生徒と、柴田はまさに同年代である。ノマド・リーガーの出現は、ここ二十年の教育の潮流の反映であると考えられないだろうか。

先述したように、柴田は特待生として入学しながら、高校入学後早々に中退している。ブログによれば、本人曰く偏差値三十八を切る、いわゆる進路多様校に転校するのだが、学業も優秀だった彼は、初めは周囲の学力のなさにあきれたものの、気のいい仲間に恵まれたこともあり、次第になじんでいったらしい。周囲から見ればドロップアウトとも映る転校や、高卒後のフリーター生活について、彼自身がこれを肯定的に捉えていたようだ。

ブログには、彼が独立リーグ球団への入団が決まった後、母校を訪ねた際に、高校時代のクラブ顧問教師がこれを祝福してくれたとある。

学校だけではない。家庭もまた見果てぬ「夢」追求を是とする空気に覆われていた。高校野球を数ケ月で辞め、卒業後の進路を決めかねている息子をみて、柴田の親は大枚をはたいて、彼に「野球留学」をさせている。「留学」と言えば響きがいいが、ようは体験型の旅行パッケージにすぎない。

彼は周囲の応援のもと常人が積み上げる職業キャリアとは違う、「自分らしい」個性的な職業アスリートとしてのキャリアに邁進していくことができたのである。

産業社会の成熟やグローバル経済の進展による、若者をめぐる雇用情勢の悪化は、すでに多くの識者によって述べられている。その結果増加した、正規終身雇用からも逸脱する若者や、そもそも正規雇用のレールに乗ることのできない若者による、社会からの逃避行動のひとつがノマド・リーガーという「プロ野球選手」なのではないか。

バブル経済崩壊後に学校を卒業し、いわゆる「就職氷河期」に労働市場に放出された「ロスジェネ世代」。彼らに対する「自分なりの夢を持ちつづけることが大切」という社会的メッセージの増加は、教育の「ゆとり」化の軌跡と重なる部分がある。

その背景には、学卒後すぐの就職を保証した「パイプライン」システムの破たんが挙げられると家族社会学者の山田昌弘は指摘する。産業社会の成熟によって、大卒者の進路として従来イメージされてきたホワイトカラー職の需要は、高度知識労働だけに求められるようになり、多くの大卒者には就職先が保障されない状況が訪れたのだ。

その結果、声優やフライト・アテンダントの専門学校など、「漏れ」を前提とした新たな「パイプライン」が、出現することになったと山田は指摘する。これの野球版がまさに独立リーグなのである。

前出の苅谷剛彦は、すでに学校現場において、パイプラインから漏れた生徒ほど現状肯定感が強いことを報告している。柴田もまた、高校一年次途中で野球部を辞め進路多様校へ転校した。卒業後もフリーター生活を送りながらプロ野球選手という夢を追って独立リーグに身を投じ、無給でプレーする状況に満足を覚えている。いつかは（NPBの）プロ野球選手になれるという過大な期待を持つことが、彼のアイデンティティを維持しているからだろう。

将来に結びつかないフリーターの現実の日常生活のはざまには、「夢」が入りこむことが多い。アルバイトに従事しながら無給の独立リーグでプレーしながらNPBを目指す柴田の本質は、まさに

「夢追求型」フリーターであり、だからこそ、独立リーグでの低い報酬や無給状態も彼にとっては「気にならない」ものであった。

彼だけではない。ノマド・リーガーの少なからぬ者が、名門高校、名門大学、社会人企業チームという野球のエリートコースをたどったわけでも、一般人が進む学歴社会のキャリアを順調に歩んできたわけでもない。彼らの多くは、野球の世界においても、一般社会においても「パイプラインからこぼれ落ちた存在」であるのだ。

ノマド・リーガーたちの行動は、社会学者の藤田結子がいう「文化移民」たちの行動とも類似している。

「文化移民」とは、芸能関係の文化的職業に就くため、日本を離れニューヨークやロンドンなどのグローバルシティに向かう若者を指す言葉であるが、藤田は、こういう若者の多くは、日本で正規雇用のパイプラインから漏れた上、母国で「カッコイイ」職には就けなかった現実を指摘している。

彼らは基本的に日本社会において本流から外れたものの、音楽なり演劇の「本場」で挑戦することにより、他人から見れば「無謀な挑戦」を合理化しようとしている。

海外では自分の過去はリセットされるだろうし、誰も知らない場での「夢」への挑戦は、美化することができる。例えその挑戦が失敗に終わったとしても、「海を渡っての」「本場」での挑戦は、それなりに格好良く映る。

乱暴な言い方をしてしまえば、二十歳を超えて、就職もせず、夜な夜な駅でショーウインドウに向かってダンスの練習をしたり、駅前でギター片手に歌っていれば近所から白い目で見られるが、海外で同じことをすれば、なんとなく前向きで真剣な行為に見られるということだ。なんと言っても、「世界に挑戦」というフレーズに、本人の虚栄心が満たされる。

スポーツでも同じことがいえる。容姿や運がものをいう芸能人と違って、実力第一のスポーツの世界にあっては、学卒までの経歴や実績は、プロになることができるかいなかに通ずる。とくに野球の世界では、世界でも最高峰レベルのＮＰＢの舞台に立つには、遅くとも二十代前半までにアマチュアの最高峰レベルでプレーすることが最低条件である。

もちろん、あらゆる物事には例外がある。だからこそ、野球のパイプラインからこぼれ落ちた若者は、独立リーグに最後の望みを託す。

ドロップアウト組がプレーの場を求めたところで、彼らが最終目標だとするＮＰＢに届くことはまずない。そのことは彼ら自身が一番分かっているだろう。それでも、彼らは、独立リーグという「球界」をさまよう。砂漠をわたるノマドのように。

第六章

国境を越える「プロ野球選手」

ノマド・リーガーたちのプレーの場は、国内の独立リーグだけではない。アメリカのスポーツ社会学の権威アラン・クラインはその著書において、アメリカン・フットボールやバスケットボールの台頭により、スペクテイター・スポーツ（観客動員できるスポーツ）として国内で絶対的地位を失ったメジャーリーグが、一九九〇年代以降、国際化に舵を切り、地球規模でスカウティングを行うようになったとしている。

その結果、世界各地で上位リーグへの人材育成の機能を果たす新興プロリーグが興った。この時期以降、中米のパナマ、ニカラグア、メキシコ、南米のコロンビア、そしてオーストラリアでウィンターリーグが始まり、中国やイタリアなどといった「野球不毛の地」でもプロリーグが興った。アメリカや日本の独立リーグも、そのような新興プロ野球リーグのひとつといっていいだろう。

私は前著『ベースボール労働移民』において、イスラエルに一年だけ存在したプロ野球リーグを取り上げ、メジャーリーグの人材獲得網の拡大によって、競技レベルが決して高いとは言えないプロアスリートによる国際移動が起っていることを指摘した。

「野球不毛の地」に突如して興ったプロ野球リーグに参加した、先進国出身の選手の移動理由は、中南米諸国からの出稼ぎ選手のそれとは大きく違っていた。彼らは長い夏休みを利用して「プロ野球選手」体験や「自分探し」のためにはるばる「約束の地」イスラエルにまでやってきていたのだ。

野球やサッカーなどのスペクテイター・スポーツにおいて、世界的トップリーグがスカウティングやマーケティング網をグローバルに拡大すると、世界各地に上位リーグへの選手送出を目的としたプロリーグが生まれる。その結果、地元選手のプレーレベルが低い地域にできた新興リーグには、母国ではプロレベルにはるか及ばない、そのスポーツの先進国出身の選手が集まるようになる。そういう彼らの技量でも、「ファームリーグ」では「プロ」に手が届くからである。その結果、生活するに十分なサラリーをもらうという本来的な目的ではなく、「プロとしてのプレー」という自己実現を果たすための越境が世界のあちこちで起こる。

メキシコシティに日本人バックパッカーの間で有名な安宿がある。いわゆる「日本人宿」というやつだ。この宿は安い上、町の中心ソカロに近く、おまけに地下鉄の駅のすぐそばにあり、非常に便利なので、この町に滞在するときにはだいたいここに宿をとる。

バックパックを担いで、安宿に泊まり屋台飯をくらうという貧乏旅ブームも、一時期に比べれば熱が冷めたようで、旅行期間のさほど長くない大学生や社会人は少なくなった。宿泊客の間で、これまでどの国や町を訪ねたかはお互い聞きあっても、職業など社会的身分を尋ねることが半ばタブーになっているのは、長期滞在している者たちが、日本での社会的身分をすでになくしているからだ。

ここで私は、二人のアスリートに出会った。

ひとりは、昼頃ベッドから出てくると、屋上でひがなサッカーボールを蹴っていた。プロサッカー選手になるためにメキシコへやってきたという。ワールドカップの常連であるこの国のプロリーグでは難しいので、隣国のグアテマラではどうかと策を練っているらしい。

もうひとり、私と同室だったがたいのいい兄ちゃんは、プロレスラーの卵だった。日本では無名だったという彼は、プロレスの本場メキシコに武者修行にやってきたという。日本でも有名な選手がこちらにいて、その選手を頼ってリングにも立っていた。興行ビザは取っていなかったが、そもそもメキシコのプロレスは覆面マスクをかぶるので、リングにいるのがどこのだれだかわからない。小遣い程度のギャラはもらっているが、宿代と食費にも十分ではなかった。

彼らもまた、スポーツの世界を漂うノマドなのだ。あのサッカー青年が果たして「プロサッカー選手」という夢を叶えることができたのか、私は知らない。プロレス青年は、本場メキシコのリングに立てたのだから、夢を叶えたのではないかというかもしれないが、日本よりＧＤＰがはるかに落ちるメキシコで前座試合のリングに立ったところで、生活費どころか渡航費さえまかなうことはできないだろう。

話を野球に戻そう。

すでに述べたように、一九九〇年代以降、メジャーリーグの国際化戦略が進むと、世界各地にアメリカを目指す者の集まるプロリーグができた。そこで腕を磨いたものは、メジャーリーグ球団にスカウトされ、アメリカに渡るのだが、そのほとんどはマイナーリーグでキャリアを終える。

毎年のように海を渡ってくる選手が押し寄せてくるということは、クビになる選手が毎年大量に出るということだ。地球規模で見た場合、「プロ野球選手」のストックはこの時期以降どんどん増えていった。なにしろ、低コストの中南米カリブ地域の「選手育成工場」から、選手という「製品」がどんどんアメリカに「輸入」されるのだ。

そうなると、当然のように「価格破壊」が起こる。と言っても、頂点であるメジャーリーグではおこらない。世界各地から選手が集まった結果、メジャーリーグのマーケットは拡大し、放送権やグッズは世界中で売れるようになったからだ。その売り上げを支えるメジャーリーガーたちは、利益に相応するギャラを手にするようになった。今では年俸十億円を越えるメジャーリーガーなど珍しくもなくなった。

その一方で、メジャーリーグのチケット代は高騰する一方になった。私が初めて渡米した一九九一年、シカゴのリグレーフィールドのネット裏席は十五ドルだった。再訪した二〇一三年、一番安い席は二階席の端で、三十ドルもした。

皮肉なことにこの状況は、手軽な値段でプロ野球を観ることのできるマイナーリーグの人気上昇につながった。ここで生まれたのが独立リーグだ。安いチケットで気軽にプロ野球を観たいという需要があり、もう片方には仕事にあぶれた「プロ野球選手」をどこからでも調達できる状況があった。なにしろ、若い彼らは十年後の収入より、好きな野球をしてギャラをもらうという「今」への関心の方が強い。そして「プロ野球」界に身を置いている限りは、頂点であるメジャーリーグへの「夢」を持ち続けることができる。

独立リーグとは、先進国のスポーツ界に発生した低賃金不安定労働市場と考えていいだろう。

日本からアメリカへの野球移民前史

日本から海を渡って、本場アメリカのプロリーグに挑戦するという現象は、最近始まった話ではない。五十年以上前からこのアスリートの移動は起こっている。

アメリカのプロ野球でこれまでプレーした日本人の総数は、実は四〇〇人以上にのぼる。ここ二十年で日本からアメリカに移動した者の数は二四〇人超。それ以前に海を渡った者のほとんどは、NPBの球団からメジャー球団に期限付きで預けられた「野球留学」だった。二十年以上前のプロ野球選手の渡米には、メジャーリーグ挑戦という意味合いはほとんどなかった。

日本人メジャーリーガーの第一号である村上雅則は、この野球留学からサンフランシスコ・ジャイアンツとのメジャー契約に至ったケースだが（ゆえに契約を巡って日本の所属球団・南海ともめ、結局短期間で日本に戻る羽目になった）、一九九〇年代までの日本人マイナーリーガーのほとんどは、NPB球団に所属を残した留学組であった。あとは千葉ロッテの二軍監督をつとめた古賀英彦（彼も最初の渡米は「野球留学」だった）や、「日本人初のメキシカンリーガー」になった小川邦一など、NPBの球団を解雇され、行き先がなくなった者が、アメリカに新天地を求めた少数の例があるに過ぎない。

一九八二年に球団との確執から阪神を退団後、コーチ兼任（但し試合出場はなし）で3Aタイドウォーターに入団した若菜嘉晴が、翌年には大洋ホエールズと契約してNPBに復帰したことからもわかるように、彼らがアメリカに渡った理由は、やはりメジャーリーグへの挑戦ではなかった。この時代、日米のトップリーグのレベル差はまだまだ大きく、メジャーリーグは日本の野球選手の想像の射程には入っていなかった。

これが一九九〇年代くらいから、しだいに様相が変わってくる。一九九五年の野茂英雄のロサンゼルス・ドジャース入りとその後の大活躍が、日本球界を「開国」させた大きなきっかけであることは間違いない。だが、このことも俯瞰すれば、この時期に加速的に進んでいったグローバル化という現象の一表層に過ぎない。

ヒト、モノ、情報、資本の国境を越えた移動は、この時期に目に見える形で盛んになっていった。野球の世界では一九八〇年代、ドミニカにアカデミーが開設されるなど、中米カリブ海地域において

ＭＬＢによる国際化戦略の胎動が見られた。九〇年代になるとこの戦略の射程は日本をはじめとする東アジアを含むようになり、その副産物として、日本でも選手だけでなくファンの目もアメリカ野球へ向くようになった。

メジャーリーグのチームは、戦後、たびたび日本にツアーを組んで、その技とパワーをファンに見せつけてきた。一九八〇年代の半ばごろになると、それまでまるで歯が立たなかったＮＰＢだが、単独チーム相手だといい勝負をするようになる。一九八四年に、前年のワールドチャンピオン・ボルチモア・オリオールズと戦った、日本シリーズ優勝チーム・広島カープの古葉毅監督は、一勝四敗と負け越しながらも「本気でやれば勝てる相手」とメジャーリーグの名門をこきおろした。

この後、日米野球は基本的にＭＬＢとＮＰＢのオールスターチーム同士の対戦となった。そのため、日本チームは、その力の差を再び見せつけられることになるのだが、ベールに包まれていた「本物」のスターを目の当たりにして、年号が昭和から平成に変わるころには、選手もファンもメジャーリーグを身近に感じるようになっていた。

それまで手の届かなかったアメリカ野球が、次第に手の届きそうな距離に近づいて来るにつれて、本場でプレーするという選択肢が選手の意識の中に浮かんできたのは、ある意味必然だったと言えるだろう。

日米間の選手移動の大きな端緒となった選手のひとりが、田島俊雄である。彼の名を覚えているのは相当の野球通だろう。一九八六年のドラフト一位で社会人の名門、日本生命から南海ホークスに入団した投手だ。

ルーキーシーズンに先発ローテーションに入ったものの、三勝しか挙げることができず、その後、肩を壊し、一九九二年シーズン後に移籍先の千葉ロッテを自由契約になってしまった。この時二十八歳だった田島は、一念発起してアメリカへ渡り、再起を図る。

田島がアメリカへ渡った一九九三年といえば、ちょうどアメリカで現在まで続く独立リーグブームが始まった年である。

彼はノーザン・リーグのスーフォールズに入団、三試合に投げたあと、見事ドジャースとの契約を勝ち取る。その後二シーズンをドジャース傘下のA級・サンバナディーノで投げた後、肩の故障が癒えたと判断した日本ハムが彼と契約し、日本球界への復帰を果たした。

残念ながら日本復帰後は、一軍の登板機会には恵まれず、一九九六年限りで再び自由契約となるが、今度は台湾に活路を求め、一九九七年から九九年の三シーズンを名門チーム、兄弟エレファンツで主戦投手として活躍した。しかし、再び肩を痛めると、シーズン途中で球団はあっさり彼を解雇、田島は現役最後となる一九九九年シーズンの残りを米アトランティック・リーグのニューアーク・ベアーズで過ごした。

私はこの年、彼のマウンド姿を目にしている。当時アトランティック・リーグは独立リーグ実力ナンバーワンの地位を確立しており、メジャーのロースターから漏れた選手の再チャレンジの場になっていた。春のキャンプでメジャー四十人枠に漏れた後、特定球団とマイナー契約を結んでしまうと、その球団でしかメジャーに昇格できなくなるが、それを嫌がった選手がこのリーグに流れてくるのだ。レベル的にはメジャーの二軍にあたる3Aに近い。

このリーグには、NPBの元助っ人たちがゴロゴロいた。田島が投げた試合にも、味方にはヘンスリー・ミューレン（元ロッテ・ヤクルト、2013WBCオランダ代表監督）、ダグ・ジェニングズ、（＝D．J．、元オリックス）、敵チームのソマセット・ペイトリオッツにはブライアン・トラックスラー（元ダイエー）などそうそうたるメンバーがそろっていた。おまけに田島の属するニューアーク・ベアーズの監督はあのトム・オマリー（元阪神・ヤクルト）だった。

そういうリーグだから、現在に至るまで、元NPBの外国人助っ人だけでなく、元NPBの日本人選手も多数チャレンジしている。

例えば元巨人のドラ一谷口功一は、最後に一軍のマウンドを踏んだ近鉄を一九九九年限りで自由契約になった後、レンジャーズとマイナー契約を結んだのだが、メディカルチェックにひっかかりシーズン前に解雇され、その後このリーグでプレーしている。

彼は田島と同じニューアークで先発ローテーションの柱として七勝を挙げたものの、オフに受験したNPBのトライアウトで契約を勝ち取ることはできなかった。その後、独立リーグを転々として、最後はアトランティック・リーグよりかなりレベルの落ちるセントラルリーグで一勝三敗の成績を残して球界を去っている。

日本ハムで二桁勝利を挙げたこともある今関勝も、二〇〇〇年シーズン限りで自由契約になると、活路をこのリーグに求めた。彼はブリッジポート・ブルーフィッシュで成績を上げ、二〇〇三年には二桁勝利を挙げたが、この年で引退した。

最近では、第一回WBCで活躍した、サブマリン、渡辺俊介がメジャー挑戦に失敗すると、再チャレンジの場をこのリーグに求め、二〇一四年からの二シーズンで十五勝七敗の成績を残している。

「夢の入り口」、ガルフコースト・リーグの現実

野茂英雄がメジャーで活躍した一九九〇年代後半、彼に続けとばかり、日本人選手が次々と海を渡った。その中には、長谷川滋利や佐々木主浩などのNPBで十分な実績を残した者だけでなく、高校を卒業したばかりの者も含まれていた。

一時期メディアでは、ドラフトから漏れた日本人選手がMLB球団と契約すると、「〇〇、ドジャース入り！」などと大々的に報じられたものだが、向こうでは、各球団二〇〇人近い選手と契約し、そのうち「一軍」の試合に出場する資格のあるのは、「メジャー契約」を結んだ四十人だけ。大卒のドラフト上位選手でさえ、いきなりメジャーデビューということはほとんどなく、通常は卒業後すぐに開幕するショートシーズンA級リーグなどでプロデビューし、そこでモノになれば、A級や2A級リーグで、プロ野球選手としての本格的な教育を受ける。

高卒やドラフト下位の大卒選手は、ルーキー級リーグでプロとしてのキャリアを始めるのが普通だ。二〇一三年アマチュアドラフトでヤンキースから二位指名されたアメリカ生まれの加藤豪将も、ルーキー級ガルフコースト・リーグからスタートしている。

このクラスになると、その風景は「プロ野球」とは程遠いもので、試合は各球団がスプリング・トレーニングを行う複合施設の練習グラウンドで行われる。観客を呼ぶことは前提にはしていない。ネット裏などにいくつかある桟敷席は無料開放されているが、余程の野球好き以外訪れることはない。

私はルーキークラスの試合に、何度か足を運んだことがある。

初めて観たフロリダでのガルフコースト・リーグの試合では、ノーアウト一、二塁のチャンスで、後続のバッターが全くバントを決めることができず、ピッチャー小フライに倒れた後、次の打者も同じようにバントのサインにライナー気味のフライを上げゲッツーを食らい、万事休すという場面を目にした。その後、足を運んだアリゾナでのゲームでは、投手のコントロールがままならず、死球連発の末、乱闘になって次々と退場が宣告されたため、最後は外野手が小走りでマウンドに向かうという草野球のような光景を目にすることになった。技術的には日本の高校野球の甲子園上位校の足元にも及ばないだろう。

フロリダで二人の日本人選手に出会ったのは一九九九年のことだった。

フロリダ州ブラデントン。ここは、かつて西武ライオンズが球団創設時にキャンプを行ったところで、当時はピッツバーグ・パイレーツがスプリング・トレーニング地としていた。

バスディーポの近くのメイン球場と練習場はずいぶん離れていて、地場産業のフルーツジュース工場裏にある練習場まで歩いて小一時間かかった。この日パイレーツが対戦していた、ボストン・レッドソックスのルーキーチームに所属していたのが、金谷剛だった。

インターネットが一般的でなかった当時、ルーキーリーグのロースターなど調べる術もなかった。試合の日時と場所でさえ、現地のリーグ事務所に電話してやっとわかったくらいである。

到着した時には、すでに試合は始まっていたのだが、ネット裏に愛想程度にしつらえられたアルミニウム製の簡易スタンドには、大きな背中の東洋人選手が座っていた。それが金谷だった。

突然現れた日本人に驚いた様子で、はるばるやってきた私に試合中にもかかわらず、いろいろと話

ガルフコーストリーグ。ブラデントンでの試合風景（1999年8月）

しかけてくれた。先発メンバーに入っていない彼が、ベンチを出てネット裏で試合を観ることは別に問題がないようで、途中でコーチも私の隣に座り声をかけてきたくらいだった。

長野県の無名校出身の彼は、プロへの夢を捨てきれず、フロリダのアカデミーの門を叩いたという。むろんこれには渡航費含め、授業料など少なからぬ費用がかかったが、これは親に出してもらったらしい。その甲斐あって、この年にボストン・レッドソックスとの契約を勝ち取り、晴れて「プロ野球選手」の夢をかなえることができた。

しかし、ここで手にする月給は八〇〇ドル。これがリーグ戦の行なわれる三か月だけ支払われる。MLB球団の場合、外国人選手の渡航費は球団持ち、住居も球団が用意してくれるので金を使うのは食事くらいだが、彼がアメリカでのプロ生活で手にしたのは計二四〇〇ドルのギャラと、キャンプと遠征時のミールマネーだけだった。

彼の場合、この年秋のNPBドラフトで、大阪近鉄から五位指名を受け入団している。指名順位は高くはないが、それなりの契約金と年俸は手にしていたはずだから、彼のアカデミー挑戦は、それなりに有効な投資であったと考えることもできる。

しかし、金谷は結局一軍ではプレーすることなく、一年で退団。その後故郷、長野の社会人クラブチームで四年プレーしたが、現在は硬式野球からは引退したようである。

もう一人の日本人、川畑健一郎は、金谷と違い高校野球のエリートコースをたどってきた。彼は、二年の時に出場した甲子園春の大会で全国制覇を果たしたチームの主力であり、NPBのドラフトにかかってもおかしくはない選手だった。しかし、指名はなく、一九九八年にレッドソックスとマイナー契約を結んだ。

この一九九八年に、日本のプロ経験なしでMLB球団とマイナー契約を結んだ選手は、実に八人(うち一人は前年独立リーグでプレー)。そのうち三人が高卒でアメリカ野球に挑戦している。この中にはテレビ番組の企画からメジャー球団のテストを受け、タンパベイ・デビルレイズ(現レイズ)と契約に至った辻田摂も含まれている。彼はアメリカでは一シーズンしかプレーしなかったが、二〇〇〇年のドラフトで中日から八位指名を受け、名門PL学園の同級生だった福留孝介(現阪神)と同じユニフォームに再び袖を通した。一軍の試合には出場することなく、二年間でプロの世界から姿を消している。

彼らのように、NPBのスカウト網から漏れながらもアメリカに渡り、MLB傘下のマイナーでプレーをした選手の平均年数は一・五年。川畑の三シーズンが最長である。

川畑はHI-A級のフロリダステートリーグまで昇格したものの、ここで投手転向を言い渡された結果肘を故障して、二〇〇〇年限りでリリースされている。その後メキシコなどでのプレーを経たのち帰国、社会人のクラブチームで数年プレーした。NPBの入団テストは受けたものの、結局合格することはなかった。

野茂フィーバーに湧いた一九九五年以降、NPBのドラフトにかからなかったアマチュア選手がアメリカンドリームを追いかけて次々と海を渡るようになったこの時代は、ちょうどメジャーリーグの国際化戦略が本格化した時代でもある。

それ以前から、アメリカでは他のプロスポーツが「ナショナル・パスタイム(国民的娯楽)」であった野球の地位を脅かすようになり、とくにその高い身体能力をもってメジャーリーグを席巻してい

GARCIA
62

ベンチの左端が川畑（1999年8月　ブランデントン）

たアフリカン＝アメリカン、いわゆる「黒人」の選手が、こぞってバスケットやアメリカン・フットボールに流れるようになっていた。

「白人」に比べ所得の低い家庭で育つことの多かった彼らは、幾重ものマイナーリーグがあり、トップリーグまで登りつめることの難しい野球よりも、奨学金が充実した大学が事実上の下部組織であり、プロ入りイコール高報酬となる両スポーツを選んだのだった。

スピードとパワーを兼ね備えた彼らの存在なくして高いプレーレベルを維持できないと考えたメジャー球団は、ラテンアメリカを中心とする野球人気の高い国から選手を獲得しようと考えた。それ以上に、一九七六年に導入されたフリーエージェント制により選手年俸が高騰し、ギャラの安い選手を世界中で探す必要に駆られていた。

やがてその矛先は、アメリカに次ぐ世界第二の野球大国、日本にも向いた。だが、長年の付き合いから日米両国の球界には、アマチュア選手の獲得は自重しようという「紳士協定」があり、メジャー側もドラフト候補生にはおいそれと手を出すことはできない。

そこで、ＮＰＢドラフトから漏れた選手、とりわけ高校生に目をつけた。層の厚い日本の高校野球は大学で開花する選手も少なからずいる。そこで、ダイヤの原石を青田買いしようと目論んだのだ。仮に彼らがものにならなくても、無名の高校生を獲得するとなれば、日本のマスコミが飛びつき、球団の日本での知名度を高めるいい機会にもなる。

そういう大人の打算の裏で、これまで多くの高卒選手がメジャーリーグに「挑戦」した。高卒後、大学進学や社会人野球に進まずにメジャー球団と契約した選手はこれまで十六人。しかし、そのいずれもメジャーという夢を叶えることはできず、現在は日本でそれぞれの道を歩んでいる。

第七章

「アメリカ野球挑戦」という幻想

アリゾナ州グッドイヤーと言われても、知らない人が大半だろう。アリゾナ州の州都・フェニックスから車で一時間のところにある町だ。町と言っても、砂漠が延々と広がるこの州にあって、盛り場があるわけでもない。車を走らせても、ところどころに建物の集まる場所が目に入るだけで、人の匂いはほとんどしない。ここで人の集まるところと言えば、ショッピングセンターか娯楽施設、そして野球場くらいしかない。

アリゾナ州はフロリダと並ぶメジャーリーグのスプリング・トレーニング（キャンプ）のメッカである。この町もキャンプ地のひとつで、空港のすぐ横にある立派なスタンド付きのスタジアムを含む広大なトレーニングの施設をクリーブランド・インディアンズとシンシナティ・レッズが春の棲家としている。キャンプの間の一か月、この砂漠の大地はつかの間の賑わいをみせる。

キャンプが終わった後は、所属チームが決まらないマイナー最底辺の選手が延長してキャンプを行い、六月に学校を卒業した新人が合流した時点で、ルーキーリーグの公式戦が始まる。

空港でレンタカーを借りてこのスポーツ・コンプレックスに到着した時には、すでに日も暮れかかっていた。敷地に入ると、ルーキーリーグの公式戦でも行われているのだろう、スタンドのない練習グラウンドに照明が目に入った。さらに車を走らせると、煌々と灯りがともるメインスタジアムに到着した。こちらでは、独立リーグの公式戦が開催されていた。

このスタジアムを使用していたフリーダム・プロ・リーグ（フリーダム・リーグ）は、二〇一二年から二〇一三年にこの地域に展開されていた新興独立リーグである。六月から八月まで、四チームによる短いペナントレースを争っていた。

メジャーのキャンプで振り落とされた選手は、マイナー契約をメジャー球団と結ぶか、フリーエージェントになることを選ぶが、腕に自信のある選手はフリーとなって独立リーグと契約を選ぶ。なぜならば、メジャー球団と契約を結んでしまうと、その球団で昇格を待つことしかないが、独立リーグなら、夏場に戦力に穴が開いたどのメジャー球団とも契約を結ぶことができるし、国外のリーグとの契約も自由にできるからだ。

メジャーのキャンプが終われば、レベルの高い（＝報酬の高い）リーグから順にトライアウトとキャンプを始める。そうして、次々にふるいにかけられ行き場のなくなった者たちは、レベルの低いリーグへと落ちていくことになる。五月後半以降に開幕するようなリーグは、総じて底辺リーグというべきもので、プロ未経験の選手もかき集めてロースターをようやく埋めている。フリーダム・リーグもしかりだった。

フィールドでは、とうにピークを過ぎただろうベテラン投手が緩い球を投げ、あどけなさの残る小柄な打者が打ち返していた。鈍い打球が、内野と外野の間にポトリと落ちた。

スタンドの観客を数えると、十五人しかいなかった。その中に、ひとりの日本人青年の姿があった。

「このあいだまで、ペコスでプレーしてました」

彼は、日焼け顔をほころばせながら自分の素性を話してくれた。米山正興（仮名）と名乗った若者は、「プロ野球選手」になるべく単身渡米してきたという。

「ペコス」もまた、ニューメキシコ州で展開されている新興独立リーグのひとつである。二〇一一年の創設以来二〇一四年シーズンまで、九人の日本人選手が挑戦している。その中に元ＮＰＢの選手はひとりもおらず、うち四人は日本の独立リーグでさえプレーしたことのない者だった。何人かいる独立リーグ経験者も、主力だったと言える者はほとんどいない。

底辺独立リーグの一つ、フリーダムプロリーグ。この夜の観客はわずか十五人
(2013年8月　アリゾナ州グッドイヤー)

「本場アメリカのプロ野球」といっても、興亡を繰り返す底辺リーグは、その垣根の低さから日本では無名の選手でも契約をとり易く、ゆえにノマド・リーガーたちを吸収している。

彼らは一様に、「自分の可能性を本場アメリカで開花させてメジャーリーグへ」と大きな夢を語る。しかし、彼らの中からメジャーリーグにまでたどり着いた者はいない。

NPBからアメリカマイナーリーグへ

我々が、「アメリカ野球に挑戦」と聞いて真っ先に頭に浮かぶのは、NPBのスター選手のさらなる高みを求めてのメジャー挑戦だろう。そして、NPBでは成功を収められなかった者、あるいは一時代を築いたものの、若い選手にフィールドから追い出され、最後の活躍の場を野球の本場に求める者もまた、太平洋を渡っている。アメリカに新天地を求めるのは、ノマド・リーガーだけではない。

独立リーグを含むマイナーリーグには、「野球留学」とメジャーに昇格した者を除くと、アメリカに独立リーグができた一九九三年以降二〇一四年までに四十八人が籍を置いている。

ここでは便宜上、打者ならNPBで一度でもシーズンの規定打席数を満たしたか、もしくは二十本塁打以上を記録した者、投手なら一度でもシーズンの規定投球回数に達したか、チーム最多セーブを達成した、あるいは二ケタ勝利数を記録したものを「一流選手」とし、一軍での出場機会がない、もしくは打者なら安打、投手なら勝利を記録したことがない選手を「三流選手」、それ以外を「二流選手」とカテゴリー分けした上で、この表を分析してみる。

表1 アメリカマイナーリーグに在籍した元NPBの選手（1993～2014）

移籍年	氏名	ポジション	移籍先	移籍時年齢	日本での実績	アメリカでのプレー年数	アメリカでの通算成績
1993	田島俊雄	投手	スーフォールズ（ノーザン）	28	二流	3	66試合 4勝7敗 7.15
1996	前田勝宏	投手	ヤンキース	25	三流	5	144試合 18勝21敗 4.69
1997	小島圭市	投手	レンジャーズ	29	二流	1	24試合 1勝9敗 6.49
	中山雅行	投手	マリナーズ	28	三流	1	29試合 2勝4敗 6.32
1998	内山智之	投手	フィリーズ	30	二流	1	43試合 5勝6敗 3.94
2000	谷口功一	投手	ニューアーク（アトランティック）	27	三流	3	52試合 13勝10敗 4.77
	宮川一彦	内野手	ニューアーク（アトランティック）	31	二流	1	118試合 .248 本3
2001	橋本　啓	投手	エクスポズ	22	三流	1	10試合 0勝1敗 6.46
	品田操士	投手	エルマイラ（ノーザン）	28	二流	2	41試合 13勝8敗 3.30
	今関　勝	投手	ブリッジポート(アトランティック)	32	一流	3	79試合 18勝18敗 3.97
	佐々木誠	外野手	ソノマカウンティ（ウェスタン）	36	一流	1	83試合 .290 本6
	佐野滋紀	投手	エルマイラ（ノーザン）	33	一流	2	27試合 9勝9敗 2.69
2002	白坂勝史	投手	サンタンジェロ (アリゾナメキシコ)	26	三流	2	5試合 0勝1敗 8.53
2003	養父　鉄	投手	ホワイトソックス	30	三流	3	62試合 17勝16敗 3.92
	青木智史	外野手	マリナーズ	22	三流	2	118試合 .258 本5
	部坂俊之	投手	ヴィクトリア（カナディアン）	29	三流	1	10試合 0勝1敗 6.35
	真木将樹	投手	カルガリー（カナディアン）	27	二流	1	8試合 4勝2敗 5.56
	村西辰彦	外野手	エバンスビル（フロンティア）	25	三流	2	92試合 .307 本2
2004	水尾嘉孝	投手	エンゼルス	36	二流	1	18試合 1勝2敗 5.08
2005	友利　結	投手	レッドソックス	38	二流	2	47試合 7勝8敗 3.63
	五十嵐貴章	投手	サムライ（ゴールデン）	28	三流	1	30試合 5勝9敗 3.96
2006	入来祐作	投手	メッツ	34	一流	2	41試合 8勝14敗 4.56
	小林亮寛	投手	カルガリー（ノーザン）	27	三流	1	40試合 0勝2敗 5.32
	近澤昌志	捕手	カルガリー（ノーザン）	24	二流	2	24試合 .267 本10

移籍年	氏名	ポジション	移籍先	移籍時年齢	日本での実績	アメリカでのプレー年数	アメリカでの通算成績
2007	田中一徳	外野手	リノ（ゴールデン）	26	二流	2	167試合 .246 本0
	矢野英司	投手	ヨーク（アトランティック）	31	二流	2	22試合 3勝4敗 6.86
	岡本　晃	投手	シャンバーグ（ノーザン）	34	一流	1	19試合 9勝2敗 2.88
	南　和彰	投手	ナシュア（カンナム）	23	三流	1	24試合 10勝5敗 5.52
2008	前田幸長	投手	レンジャーズ	38	一流	1	36試合 5勝3敗 4.55
	福盛和男	投手	レンジャーズ	31	一流	1	4試合 0勝0敗 20.25
	三澤興一	投手	ゲーリーサウスショア（ノーザン）	34	二流	2	56試合 9勝4敗 2.81
2009	田中良平	投手	オリオールズ	27	三流	3	81試合 22勝21敗 4.13
	前川勝彦	投手	カージナルス	31	一流	1	18試合 1勝2敗 5.08
2010	仁志敏久	内野手	ランカスター（アトランティック）	39	一流	1	31試合 .208 本1
	辻本賢人	投手	マウイ（ゴールデン）	21	三流	1	32試合 3勝2敗 2.88
2011	岡本直也	投手	ヤンキース	28	三流	1	21試合 1勝0敗 3.76
2012	坪井智哉	外野手	サンラファエル(ノースアメリカン)	38	一流	3	59試合 .259 本0
	岩崎哲也	投手	エディンバーグ(ノースアメリカン)	29	二流	1	22試合 5勝0敗 2.20
2013	小林公太	投手	インディアンス	22	三流	1	7試合 0勝0敗 2.61
	中島裕之	内野手	アスレチックス	31	一流	2	90試合 .283 本4
	古木克明	内野手	ハワイ（パシフィック）	32	一流	1	56試合 .307 本2
	高島　毅	内野手	ランカスター（アトランティック）	27	三流	1	21試合 .146 本1
	松家卓弘	投手	ゲーリーサウスショア(アメリカン)	31	三流	1	1試合 0勝0敗 54.00
2014	塚田晃平	投手	スーシティ（アメリカン）	26	二流	1	8試合 1勝2敗 3.35
	井上雄介	投手	ブラウンズビル（ユナイテッド）	28	二流	1	3試合 0勝2敗 9.26
	柿原翔樹	内野手	フォートワース（ユナイテッド）	21	二流	1	3試合 .364 本0
	梶本勇介	内野手	ランカスター（アトランティック）	31	二流	1	74試合 .283 本4
	渡辺俊介	投手	ランカスター（アトランティック）	38	一流	1	39試合 8勝2敗 3.37

四十八人のうち、三分の一を超える十八人が「三流」。「一流」は十三人、「二流」は十七人である。渡航時の年齢を見てみると、半数近い二十二人が、選手としてのピークを過ぎたと考えられる三十歳を過ぎてからアメリカに渡っている。

一方、最も高いパフォーマンスを発揮できると思われる二十代後半で渡航した選手は十九人いるが、その内十一人が「三流選手」で、残りの八人もほとんど無名の選手ばかりである。

ＮＰＢでさしたる実績のない彼らが、本来選手として油の乗り切っているはずの年代にアメリカに渡るのは、競争に負け、自分の後から入ってきた後輩に押し出される形でＮＰＢを去らざるを得なかったからだろう。つまり彼らにとって職業として野球を継続するための場所が、プロの裾野の広いアメリカだったと考えられる。実際、彼らのほとんどはアメリカでのプレー後、ＮＰＢのトライアウトを受験している。

ある程度実績を残した「一流」の選手が、通常、アメリカに渡るのは、メジャー挑戦が目的だが、この表にある選手たちの場合は、少々事情も違うようだ。

メジャー契約を交わしながら、結局昇格できずに終わった入来祐作と中島裕之を除けば、この表にある「一流」選手たちは、ＮＰＢ球団から半ばクビを通告されたというのが実情である。しかし、プレーヤーとしては日本で十分にやりつくしたという気持ちを持っていたり、すでに多額の報酬を得て当面生活費に困る心配もないので、現役生活の最後にアメリカ野球を体験して、あわよくばメジャーでプレーしたいと考えていたようだ。

日本でプロの最高峰を体験している彼らには、自分の限界もある程度わかっているはずではあるが、指導者としてのスキルを高めるためにアメリカ野球を勉強してみようという気持ちで渡米した者がいても不思議ではない。

あるいは、かつての名投手・江夏豊や、名三塁手・松永浩美がメジャーのキャンプに参加し、マイナー契約を提示された時点で引退したように、自分の中できりをつけるために、アメリカ野球に身を投じたということも考えられる。

その一方で、二十代前半までにアメリカに移動した選手は六人しかいない。

そのすべてがＮＰＢの一軍ではほとんど実績を残していないことや、ドラフトで上位指名されたものがいないこと、そして彼らの移動先のほとんどが米独立リーグであることは、元来彼らの技量やポテンシャルが決して高いものではないことを示している。

この年齢層の選手の移動は、ノマド・リーガーのそれに極めて近い。

ミスター独立リーグ

南和彰と聞いて、ピンとくる人は、野球ファンというよりマニアと言ってもいいだろう。ＮＰＢではルーキーイヤーに二度一軍のマウンドに立っただけだが、日本の独立リーグでは最多の八十一勝を挙げた「ミスター独立リーグ」と呼ぶに相応しい投手である。

彼がプロとしてのキャリアを始めたのは、地方の大学からドラフト八巡目で巨人に入団した二〇〇四年シーズンのことである。しかし、層の厚い名門球団に彼の居場所はなく、三シーズンで自由契約を言い渡された。現役続行を希望した彼は、アメリカ独立リーグに新天地を求め、ゴールデンリーグのカルガリー・バイパースで一シーズンを送った。防御率は五・五二と悪かったものの、十勝五敗の成績を挙げ、チームも優勝したことから最優秀選手に輝いた。それでも、帰国後受験したNPB球団のトライアウトに合格することはなかった。

翌二〇〇八年からは、BCリーグに活躍の舞台を移し、石川ミリオンスターズの不動のエースとして七シーズン君臨し続けた。詳しい額はわからないが、彼の月給はリーグでも最高ランクに位置づけられていたという。同年代のサラリーマンの平均年収に匹敵する金額を手にしていたようだ。

彼はたびたびNPBのトライアウトに挑戦したが、契約を勝ち取ることはなく、現在は埼玉西武ライオンズのバッティングピッチャーをしている。

彼にとって、アメリカや日本の独立リーグでのプレーは、あくまでプロとしての競技の継続、あるいはNPB復帰のための一時的避難の場であった。

NPBの選手の多くは、引退後の生活に不安をもっているという。とくに現役時代に目立った実績を残せなかった者は、セカンドキャリアへの移行も難しく、その困難さゆえ、レベルを落としての「現役続行」が合理的な選択肢のひとつとして浮かんでくるのだろう。

グローバル化によって、レベルさえ落とせば、給料をもらって野球をする場は世界中に出現している。となれば、メジャーリーグでなくとも、バット一本グラブひとつ担いで、海を渡るというプロ野球生活の継続が増えてくるのも無理はない。

一方で、アメリカンドリームを叶えるために米独立リーグに挑戦したものの、このプロ野球の果てといっていい場で成功を収められない者も多い。

とくに近年は、アメリカに渡る選手の両極化が進んでいる。日本でトップ選手だったものがメジャーリーグに挑戦する流れは継続しているが、中堅どころの選手の移動は少なくなってきている。日本からアメリカへの選手の移動が本格化して二十年が過ぎ、「もしかして」がほとんどないことが、選手にもわかってきたのだろう。

テレビ放送の減少にともなって、解説などの引退後の受け皿が縮小してきている現在、野球に早々に見切りをつけて、新たな生活の糧を得る道を探す方がいいという判断を、選手たちは迫られているのかもしれない。

本場の野球の魅力

二〇〇九年以降にNPBからアメリカマイナーリーグに移動した十七人の内、実績を残したと言える選手は、仁志敏久（元巨人）、前川勝彦（元近鉄など）、坪井智哉（元阪神など）、中島裕之（元西武）、古木克明（元横浜など）の六人。中島については、メジャー契約でMLB球団と複数年契約を結んだものの、結果としてマイナーでプレーしたというものであったが、メジャーのフィールドに立つことなくNPBに戻った。

坪井と古木のアメリカ野球挑戦は、純粋に競技継続の場を求めての移動であったようだ。二人はNPBでの選手生活の晩年、ほとんど一軍の戦力にはなっていなかった。にもかかわらず、三十歳を超えて（とくに坪井は渡米当時三十八歳）アメリカの独立リーグに加入するというのは、いくら本人たちが「目標はメジャー」と言ったところでその言葉にリアリティはなかった。

坪井はNPBでの最後の所属球団となったオリックスを自由契約になった後も、現役続行の場を求めた。そしてNPB球団からのオファーがないとなると、「ウィンターリーグ」に参加して、アメリカのプロリーグとの契約を目指した。しかし、契約できたのは、独立リーグでも最もレベルの低い部類に入る、新興のノースアメリカン・リーグの球団で、本人いわく、とてもプロと呼べるようなものではなかった。

彼自身が「金銭の問題ではなく、アメリカで現役を終えたい」と言ったように、とにかくアメリカで野球がしたいという理由だけで、フィールドに内野が二面ある草野球場のようなスタジアムでプレーしていた。しかし、怪我をすると即刻解雇された。

その後、比較的レベルの高いアメリカン・アソシエーションの球団と契約の話がまとまるが、これもテスト代わりに公式戦に何試合か出場したものの、年齢を理由に正式な契約の前にリリースされてしまう。結局、彼はこのシーズン三チーム目になる別の球団でシーズンを終えた。

アメリカに行ったことにより坪井の夢はいつの間にか大きく膨らんでいった。

「最後に一度でいいからメジャーの舞台に立ちたい」。

NPBでそれなりの実績を残したベテランでさえ、夢を見てしまうような魅力が本場の野球にはあるのかもしれない。彼は翌二〇一三年シーズンも海を渡り、ユナイテッド・リーグでプレーするが、ここでのプレーも彼を満足させなかったことは容易に想像できる。なぜならば、このリーグは、前年酷評していたノースアメリカン・リーグから分離したリーグだったからだ。ここでも坪井は十二試合で〇・二五六の成績に終わると、早々と解雇された。翌二〇一四年にようやく独立リーグ最高峰のアトランティック・リーグ入りを果たしたが、ここでも出場機会に恵まれず、この年限りで引退を表明

石川ミリオンスターズに所属していた当時の南和彰。
ミスター独立リーグと呼ばれた男は、NPBの壁に幾度となく跳ね返された。

した。

古木の場合、その「自分探し」ぶりは際立っていた。ドラフト一位で横浜ベイスターズに入団の後、移籍先のオリックスを解雇された彼はここで野球に見切りをつけ、その鍛え抜かれた肉体を生かすべくプロ格闘家に転身する。そして二年後、彼はNPBの合同トライアウトを受験するが、獲得を申し出る球団はなく、翌二〇一二年オフのトライアウトも不合格。

プレー継続の場を探していたところに、日本のBCリーグから国際交流戦への参加を打診され、ここで交流戦の相手であったパシフィック・アソシエーションのハワイ・スターズからオファーを受け、このリーグで三か月の短いシーズンを送った。

このパシフィック・アソシエーションもまた、坪井が前年プレーしたノースアメリカン・リーグが分裂してできたリーグである。このような離合集散を繰り返すリーグは経営基盤が弱く、したがって選手への報酬、プレーレベルともに低い。

それでも古木は現役最後になるであろうシーズンを振り返ってこう言った。

「上を目指すわけではない、選手としての限界もわかりはじめている。名誉が欲しいわけじゃない、お金が欲しい訳じゃない。僕にとっては野球が楽しいと思い出せる。その中で、このチームは最高の環境でした」

彼ら二人の姿は、プロ野球選手として技能を極め、職業として報酬を得ることができるかぎり現役にしがみつくというものではなかった。むしろセカンドキャリアへの第一歩を踏み出すことができず、低レベルのプロ野球リーグをさまよう姿にも見えた。

そういう彼らの姿も「自分探し」を続ける若者にとっては「かっこいい」生き方の見本となり、その存在自体が「自分探し」の増殖の装置となっていたのだ。

大谷翔平を日本ハムへいざなった資料

大谷翔平といえば、「二刀流」でおなじみのNPBのスター選手だ。

二〇一一年夏の甲子園で、投打ともに高校生離れした才能の片鱗を見せつけ、今や阪神タイガースの主力投手となった大阪桐蔭の藤波晋太郎とともに、一躍プロ野球のスカウトの注目するところとなった。そして、その進路が注目された二〇一二年のドラフトを前に、メジャー志向を表明。NPB入団拒否の姿勢を見せ、この年のドラフトの話題を独り占めした。

結局、強行指名した北海道日本ハムファイターズの球団挙げての熱心な誘いに翻意し、入団を決めたのだが、その際に球団が大谷を口説き落とす材料にしたのが、投手・野手ともにプレーさせる「二刀流」の容認と、将来的なメジャー移籍の「約束手形」だった。

この時、世間の大きな話題となったのが、説得の際に球団が彼に示した独自資料『大谷翔平君　夢への道しるべ〜日本スポーツにおける若年期海外進出の考察〜』であった。

ここには、NPBを経由せずにメジャーを目指したとされる五十三人の氏名とその球歴、それに行き先が掲載されていた。結論としては、NPBを経験しなかったアマチュア選手のメジャー挑戦は、リスクだけが高く、成功の見込みが薄いというものであった。

彼が究極の目標とする世界最高峰の舞台は、高卒早々に渡米するよりも、育成環境が整いメジャーに次ぐレベルを誇るＮＰＢでまず選手生活を送り、その後に移籍した方が有利であると、資料を使って彼と家族に示し、日本ハム入団へと誘導したのだ。

この資料は、あくまで大谷を口説き落とすために、日本ハム球団が作成したものだ。その目的どおり彼を入団させたということで、その役割は十分に果たしたと言える。しかし、詳しく見てみると疑問も浮ぶ。

この資料にある選手のほとんどは、スカウトたちが「超一級」の太鼓判を押した大谷のようなドラフト上位候補の「野球エリート」ではないのだ。日本ハム球団が示す前例の多くは、ＮＰＢのドラフトから漏れた「非・野球エリート」であり、昨今のような独立球団が隆盛を極める現状でなければ、一般人として労働市場に吸収されていたはずの者である。こういう選手の例をもって、ドラフト一位指名確実の選手が高卒でメジャーに挑戦しても成功の確率は低い、というロジックを成立させることは厳しい。

この資料をもって「だから大谷君、高卒でメジャーと契約を結んでも成功の見込みは薄いよ」という結論を導くことは難しいだろう。

ある元ＮＰＢの選手は、ドラフトでの指名についてこう語ってくれた。

「大学からプロに行くような奴は、就職活動なんかしません。過去にはごく稀に、土壇場で指名回避ということもありましたが、今は大学との関係もあるから、ＮＰＢの球団もそういうことはほとんどしません。指名されないってことは、その程度の選手ってことですよ」

実際、大谷以前にＮＰＢでのプロ経験なしでアメリカに渡った選手のほとんどが一、二年でマイナーでのプロキャリアを終えている。メジャーに登りつめたのは、一九九二年に高校を中退し、A級カリフォルニア・リーグのサリナス（但しこの球団はメジャーとのアフィリエーションのない独立球団）に入団したマック鈴木（本名・鈴木誠）と、立教大卒業後クリーブランド・インディアンズとマイナー契約を結んだ多田野数人の二人だけである。しかし、彼らのような数少ない「例外」たちもまた、実際は、日本では「野球エリート」だった。

素行面からドロップアウトしてしまったが、鈴木は甲子園出場を何度も果たしている名門高校の出身である。多田野も高校時代は甲子園に出場し、大学時代は「松坂世代」のひとりとして、世界大学選手権大会では「ジャパン」のユニフォームに袖を通している。ところが、ドラフト直前にアルバイト感覚で出演したビデオが公序良俗に触れるものだったということで、上位が確実といわれていた指名を回避され、やむなくアメリカに渡った。

つまり、成功者の二人は、素行面での問題さえなければ、それぞれ高卒、大卒時にはかなりの確率でＮＰＢのドラフトにかかっていた選手なのである。実際彼らはメジャーで通用しなくなった後、ドラフトを経て日本球界入りしている。

アメリカのマイナーでプレーの後、ＮＰＢ入りした者は意外に多く十六名にのぼる。しかし、それも基本的にはドラフト下位指名で、ほとんどの者が一軍の舞台に立つことなくＮＰＢを去っている。

日本ハム球団の作成した資料は力作というには十分なものだが、この資料自体が「判明分」と断りを入れているように、渡米した日本人選手についてその全容を把握しているわけではない。この資料をもとに、私が今一度、ＮＰＢを経由せずアメリカ（カナダを含む）に渡り、「プロ野球選手」になった日本人選手を調べなおして作った表が以下のものである。

	外野手	大卒	カナディアン L	25
		不明	カナディアン L	25
	内野手	不明	アリゾナ・メキシコ L	不明
	外野手	不明	アリゾナ・メキシコ L	不明
2004	投手	高卒	MLB	19
	内野手	大卒	ノースイースト L	23
	内野手	社会人	ノースイースト L	24
	外野手	フリーター	ノースイースト L	25
	投手	社会人	ノーザン L	24
	外野手	フリーター	ノーザン L	30
2005	外野手	高卒	ブレーブス	19
	投手	大卒	ゴールデン L	23
	投手	フリーター	ゴールデン L	27
	投手	大卒	ゴールデン L	27
	捕手	大卒	ゴールデン L	21
	捕手	米大卒	ゴールデン L	22
	外野手	大卒	ゴールデン L	30
	内野手	フリーター	ゴールデン L	25
	外野手	フリーター	ゴールデン L	26
	外野手	フリーター	ゴールデン L	27
		高卒	ゴールデン L	25
	内野手	不明	ゴールデン L	26
	投手	大学中退	ゴールデン L	19
	外野手	不明	ゴールデン L	20
		不明	ゴールデン L	30
	投手	社会人	ゴールデン L	27
	投手	不明	ゴールデン L	26
2006	内野手	大学中退	ゴールデン L	28
	外野手	米大卒	ゴールデン L	26
	捕手	大学中退	MLB	20
2007	内野手	高卒	MLB	18
	内野手	大卒→独立リ	フロンティア L	27
	内野手	大卒→野球ア	カンナム L	24
	投手	不明	フロンティア L	25
2008	投手	大卒→独立リ	MLB	26
	投手	大卒	MLB	22
	投手	高卒	MLB	19
	投手		MLB	19
2009	外野手	米短大卒	MLB	21
	外野手	不明	アトランティック L	34
2010	投手	高卒	MLB	20
	投手	大卒	MLB	22
	投手	大卒→一般社会人	コンチネンタル L	34
	外野手	大卒→一般社会人	ゴールデン L	27
	投手	大卒/独立リ	ゴールデン L	18
2011	投手	大卒	MLB	22
	投手	高卒	MLB	19
	投手	大卒	MLB	23
	内野手	不明	フロンティア L	23
	投手	高卒	ペコスL	24
2012	投手		MLB	22
	内野手	大卒→独立リ	アメリカンA	26
	外野手	大卒→独立リ	アメリカンA	27
	内野手	大卒	ノースアメリカン L	23
	外野手	大卒(準硬式)	ペコス L	22
	外野手	大学中退	ペコス L	28
2013	内野手	高卒	MLB	19
	投手	専門学校卒→独立リ	ペコス L	33
	内野手	大卒→専門学校卒	ペコス L	27
	投手	大卒→独立リ	ペコス L	26
	内野手	大学中退→専門学校卒→独立リ	ペコス L	29
	投手	大卒→独立リ	パシフィック A	26
	外野手	米大卒	ユナイテッド L	23
	投手	大卒	ユナイテッド L	22
	投手	大卒	ユナイテッド L	22
	外野手	大学中退→独立リ	ユナイテッド L	22
	内野手	社会人	ユナイテッド L	24
	内野手	不明→独立リ	ユナイテッド L	32
2014	投手	フリーター	MLB	20
	内野手	大学中退→独立リ	ペコス L	26
	投手	独立リ→野球ア	ユナイテッド L	21
	投手	不明	ユナイテッド L	不明
	捕手	大卒	ユナイテッド L	24
	外野手	大卒	インディペンデントL	23

|表2| アメリカマイナーリーグに挑戦した非NPB選手（1995～2014）

入団年	ポジション	経歴	契約先	挑戦時年齢
1995	投手	大卒	MLB	22
	ナンバー	高卒	MLB	19
1996	投手	高卒	MLB	19
		高卒	MLB	19
	投手	社会人	MLB	23
1997	内野手	高校中退	MLB	18
	内野手	高卒	MLB	19
	内野手	大卒	プレーリーL	23
	投手	社会人	ノースイーストL	26
	外野手	不明	ノースイーストL	24
	内野手	不明	ノースイーストL	21
	捕手	大卒	ノーザンL	23
	内野手	高卒	ウェスタンL	19
	投手	大卒	プレーリーL	24
1998	投手	高卒	MLB	19
	内野手	大卒	MLB	24
	投手	高卒	MLB	19
	投手	大卒	MLB	23
	投手	大卒	MLB	23
	内野手	大学中退	MLB	21
	外野手	高卒	MLB	19
	外野手	大学中退	フロンティアL	23
	投手	社会人	フロンティアL	25
	投手	大学中退	フロンティアL	22
1999	捕手	高卒	MLB	20
	投手	社会人	MLB	24
	投手	不明	ノーザンL	28
	内野手	社会人	ノーザンL	24
2000	外野手	大卒	MLB	27
	投手	専門学校卒	MLB	21
	投手	高卒	MLB	19
	内野手	大卒	ウェスタンL	23
	捕手	社会人	ウェスタンL	24
	投手	大卒	フロンティアL	不明
2001	内野手	大卒	MLB	23
	投手	社会人	MLB	26
	投手	不明	ノーザンL	27
	投手	大卒	ノーザンL	24
		大卒(準硬式)	フロンティアL	18
		不明	ノーザンL	25
	投手	不明	ノーザンL	不明
	投手	大卒	オールアメリカンL	23
2002	内野手	大卒	MLB	24
	外野手	社会人	MLB	25
	投手	大学中退	MLB	19
	内野手	社会人	MLB	22
	投手	高卒	MLB	19
	投手	大卒	MLB	23
	投手	大学中退	フロンティアL	24
	内野手	大卒	ノースイーストL	24
2003	外野手	米短大卒	MLB	23
	投手	社会人	MLB	25
	投手	大卒	MLB	23
	投手	大学中退	MLB	20
	捕手	大卒	MLB	23
	投手	高校中退	ノースイーストL	17
	投手	大学中退	ノースイーストL	22
	内野手	フリーター	ノースイーストL	25
	投手	社会人	セントラルL	24
	投手	大卒	セントラルL	24
	投手	大卒	カナディアンL	25
	内野手	不明	カナディアンL	23
	内野手	不明	カナディアンL	29
	内野手	社会人	カナディアンL	28
	内野手	高卒	カナディアンL	25
	外野手	大卒	カナディアンL	25
	投手	不明	カナディアンL	不明

彼らの中で、ＮＰＢで主力選手にまで登りつめたのがＧＧ佐藤（本名佐藤隆彦・元埼玉西武、千葉ロッテ）と山口鉄也（巨人）だ。ともにオリンピックやＷＢＣで日本代表のメンバーに選ばれているという点で、成功者といえるだろう。

しかし、この二人にしても、佐藤は神奈川の名門桐蔭学園から法政大へ進み、山口も同じ神奈川の名門・横浜商高出身と、ともに学卒時にＮＰＢ入りしても不思議はない経歴をもっている。

ＮＰＢに幾多の選手を輩出しているような名門大学の野球部では、レギュラーポジションを獲ることじたいが難しい。ベンチには、「他大学へ行けば、余裕でレギュラー」という選手がゴロゴロしている。大学の四年間でベンチ入りできるのは、全部員の三、四割という話も聞く。しかし、いくら実力があっても、試合に出場できなければスカウトの目に触れることがなく、ＮＰＢ入りも夢に終わってしまう。

そういう中で、佐藤はあきらめることなく、プロの裾野の広いアメリカに自分の可能性を求めた。とは言え、「若かったからできたけど、もうあんな生活はできない」と自ら振り返る三年のマイナー生活の中、彼の射程はメジャーに向くことはなかった。

二〇〇三年オフにトライアウトを受験して、ドラフト七巡目で指名されると、彼は迷わず西武ライオンズと契約をした。つまり日本のアマチュア球界のトップを経験した彼にとってさえ、渡米はＮＰＢ入りへの手段であり、メジャー挑戦ではなかったのだ。高卒の山口にしても、マイナーで四シーズン過ごしたものの、シングルＡにすら上がることができず、結局、ＮＰＢ球団のトライアウトを何度も受けて、ようやく巨人から育成契約を勝ち取っている。

新たな行き先、独立リーグ

ＭＬＢ球団の学卒日本人アマチュア選手との契約は、一九九八年をピークに減少していく。この年六人だった大卒、高卒選手とＭＬＢ球団との契約は、翌年はゼロ、二〇〇〇、二〇〇一年は、ともに一人に落ち込んでゆく。

二〇〇二年には契約者は六人に増加するが、新卒者はこのうち三人だけであった。公式戦出場の記録がないので、表にはないが、この年にフロリダ・マーリンズと契約を結んだ脇坂憲次（仮名）は、ドロップアウトした若者をメジャーリーグに送り込もうというテレビ番組の企画から、ＭＬＢのトライアウトに合格した高校中退者である。この番組において、挑戦者を罵倒、挑発しながら指導していたのが、この前年までアメリカの独立リーグでプレーしていた人物だったことは、その先を暗示させるようでもあった。

就職氷河期だった当時、野球だけでなく一般社会のパイプラインから早々に漏れてしまった彼が、人生の一発逆転を狙ってメジャーリーガーへの道に挑戦するというのは、いかにもテレビ受けする企画だったことだろう。

番組の演出通り、コーチがドロップアウトした少年を面罵し、時として一触即発の状態になりながらも、メジャーのトライアウトに合格、そして渡米。ひょっとしたら出来レースだったのではないかと思われるほどのテレビ局の思惑通りの結末を迎えたところで、彼のテレビ画面での役割は終わった。

彼のその後をカメラは追いかけようとしなかった。テレビ局にとって必要だったのは、高校をドロップアウトした若者が、自らの腕一本で「メジャーリーガー」を目指して出航する絵だけであって、その後の厳しい現実は必要なかったのだ。彼はスプリングトレーニングで肩を壊して、そのままアメリカ球界を去っている。

一九九八年が日本の若者とMLB球団との契約のピークだったということは、一九九五年の野茂フィーバーによって、メジャーのスカウトの目が一時的に日本のアマチュア球界に向いた結果だと考えてよさそうだ。しかし、MLBは本当に、日本のドラフトから漏れた選手に「掘り出し物」がいると考えていたのだろうか。おそらく日本人アマチュア選手の獲得は試験的なものだったに違いない。

この後、MLB球団によるアマチュア選手の獲得が減ったことは、この試みがNPBのスカウト網にかからなかった選手に「有望株」などいないと言う結論を示しているように思える。しかしMLBが日本戦略を誤ったとは言えない。彼らのスカウト活動は、日本人の目をさらにアメリカに向けさせることに成功し、スカウトたちの日本人選手を見定める眼力を養ったからだ。

その後、メジャーリーグのスカウティングの対象はNPBの即戦力へ移っていった。それでもなお、アメリカへの選手の移動が止まず、現在まで続いているのは、メジャーのスカウティングとは関係のないところで、日本人選手たちが自らアメリカへ渡ろうとする動きが起こっていることが最大の理由ではないだろうか。

今一度表2に目を移すと、二〇〇〇年代前半に注目すべき二つの点が浮かび上がってくる。

一つは日本からの選手の移動先としての独立リーグの増加、二つめが三人の選手の存在だ。二〇〇〇年の根鈴雄次、二〇〇一年の佐藤隆彦、その翌年の山口鉄也。

根鈴はモントリオール・エクスポズに入団後、3Aまで上りつめ、翌年にはトップチームのスプリング・トレーニングの招待選手となり、「日本人初の野手メジャーリーガー」か、と騒がれた人物である。しかし、オープン戦で四割を超える打率を残しながら、開幕直前にリリースされ、その後、日米の独立リーグやヨーロッパのセミプロリーグをバット一本で渡り歩きながら二〇一二年まで現役を続けた「ノマド・リーガー界のカリスマ」とも言える存在である。

彼のライフストーリーが、その後の行き場を失ったアマチュア選手に海外のリーグという選択肢を与えたことは、彼の大学の後輩である佐藤が、卒業後海を渡ったことを見ればあきらかだろう。佐藤隆彦、のちのGG佐藤である。このオリンピック日本代表にも選ばれたスラッガーと、のちWBC代表として再びアメリカの地を踏むことになる山口鉄也の存在は、「海を渡れば何かが変わる」という若者の「夢」を肥大化させる要因になったことは間違いない。

実際、これ以降二〇〇〇年代半ばにかけて独立リーグでプレーするためにアメリカへわたる若者の数は急増している。

アメリカ野球への移動の二度のピーク

グラフ1は、表2のシーズン毎のアメリカ野球への挑戦者の人数を折れ線グラフにしたものである。

|グラフ1| 非NPB選手の北米プロ野球への移動の推移（1995～2014）

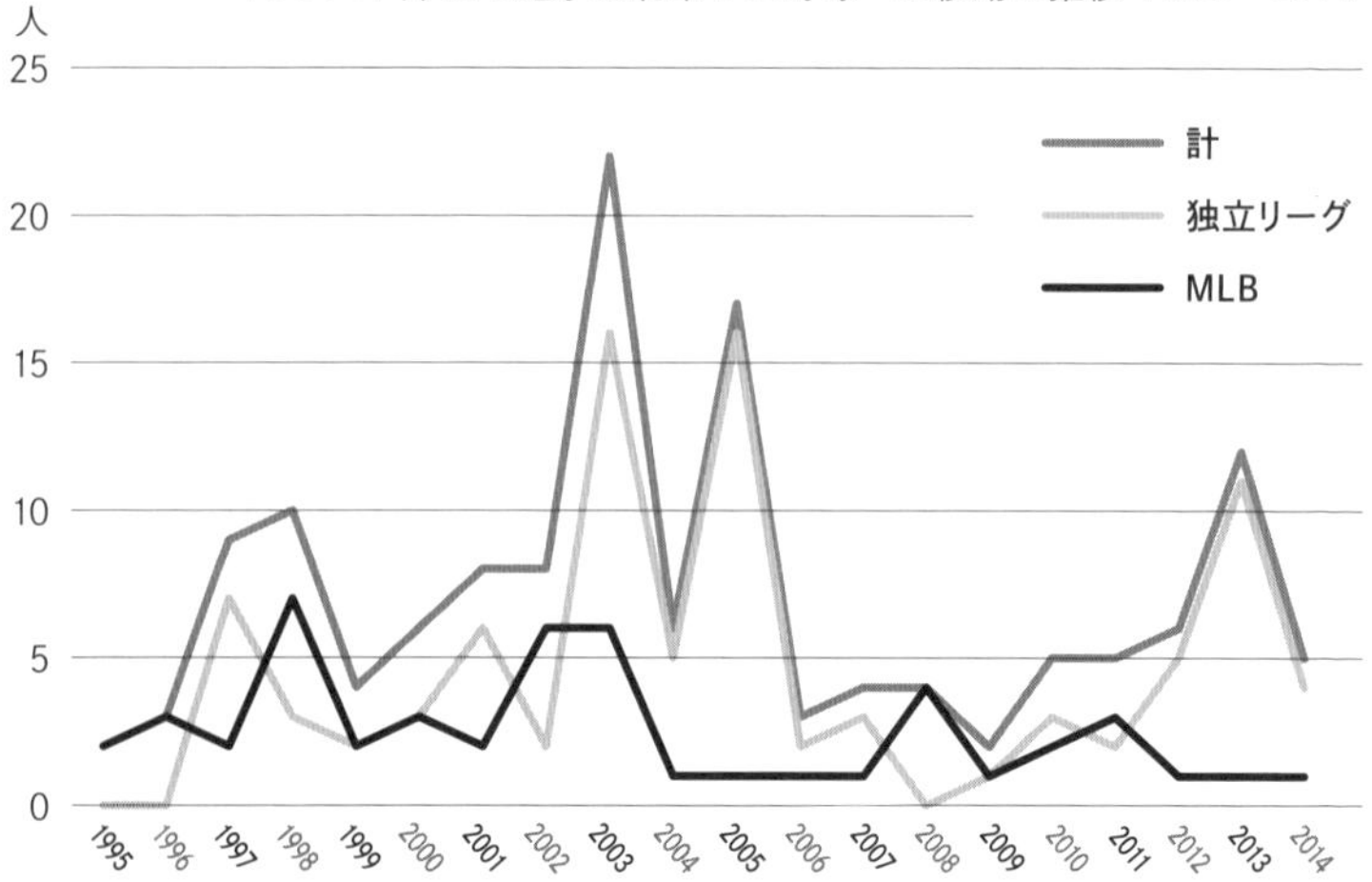

|グラフ2| 北米独立リーグ・球団数の推移（1993～2014）

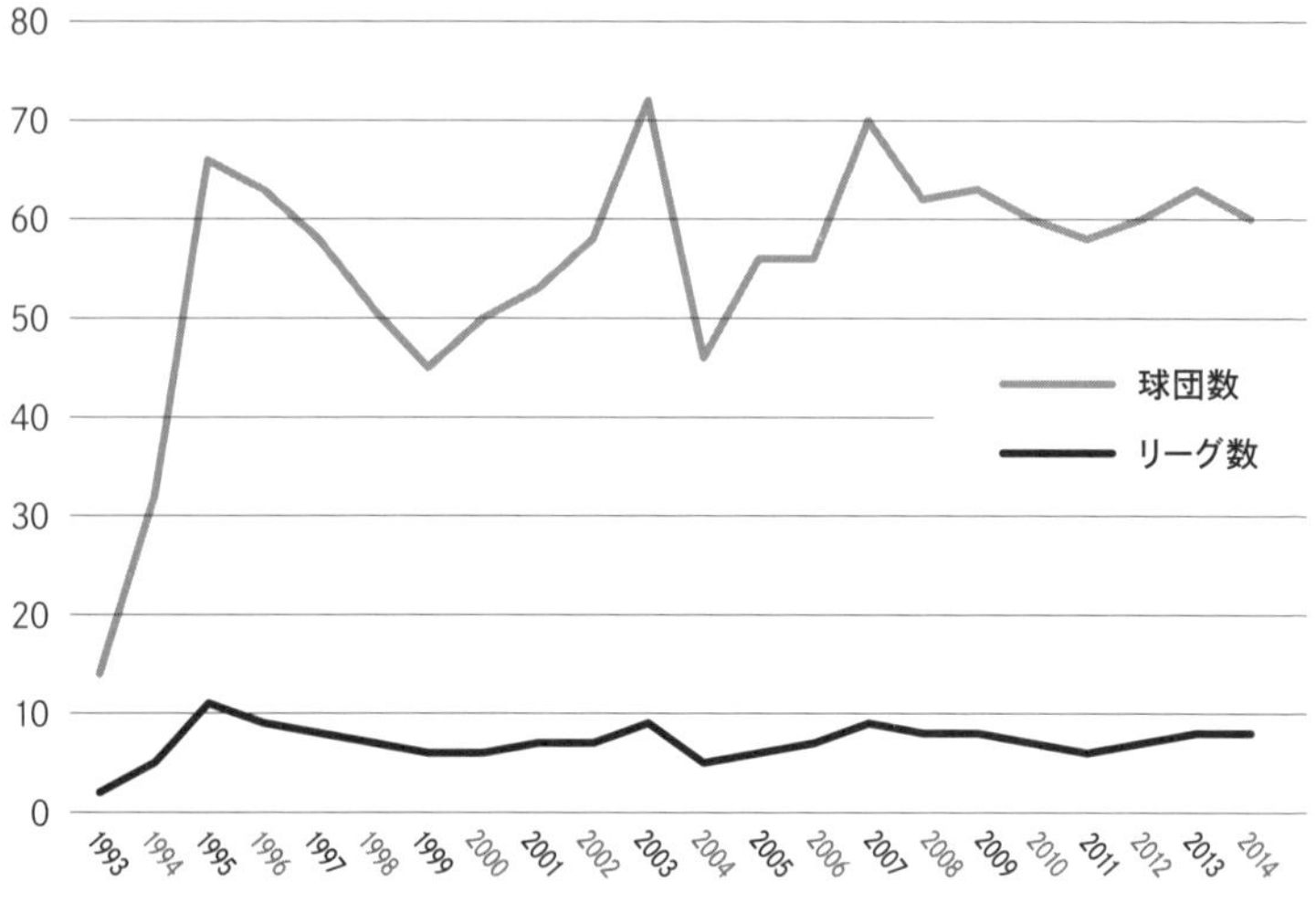

アマチュア選手のMLB傘下のマイナーリーグへの挑戦が、一九九〇年代終わりから二〇〇〇年代初めをピークとしてその後減少していくのに対して、独立リーグへの挑戦は二〇〇三年と二〇〇五年に二つのピークをなしている。

一つ目のピークである二〇〇三年は、カナディアン・リーグが発足した年である。このリーグは、カナダ独自のプロ野球を創ろうと、カナダ国内八都市にフランチャイズを置いたが、シーズン半ばにして消滅してしまった短命リーグだった。このリーグでは、十一人の日本人がプレーしていた。前年の秋に日本でトライアウトが実施されたからだ。

二つ目のピークである二〇〇五年は、ゴールデン・ベースボール・リーグが発足した年である。このリーグには、実に三十一人の日本人が参加した。うちNPB経験者は七人。そのほとんどが、やはり日本ではほとんど実績を残せなかったものだ。残り二十四人は、日本のアマチュアでもトップレベルにはなかった。このリーグの最後の年にプレーしたのが、日本でも話題になった女子投手吉田えりであったことは、このリーグが年々プレーレベルを落としたことを物語っている。

このリーグの発足年に、二回目のピークが訪れたのは、日本人チーム、「ジャパン・サムライベアーズ」が参戦したからである。このチームの陣容は、ある主力選手いわく「草野球レベル」というお粗末なものだった。そういう選手のほとんどは、シーズン半ばに、プロ経験のある選手と入れ替わりにチームを去った。

アメリカに渡る選手たちは「夢はメジャー」と口をそろえる。彼らにとってその場所は、今駆け上がろうとする坂のはるか上にある、雲のようなものだろう。

確かに「坂の上の雲」を追い続ける姿は美しく映る。しかし、現実の雲は決してつかむことはでき

MLB参加の3Aで活躍し、世界のプロ野球をさまよい歩いた根鈴雄次。メジャーキャンプで4割を超える数字を残した彼でさえ、メジャーはおろかNPB入りも叶わなかった

ない。つかむことはできないからこそ、彼らは「自分探し」を延々と続けることができる。その届きそうにもない雲をつかもうと、あてどもなくひたすら天に手を伸ばす姿は、やがて滑稽にも映ってくる。本人もだんだん空しくなってくるだろう。

はるか上空にある雲に届かないまでも、そこから垂れてくる「蜘蛛の糸」くらいはつかまないと「自分探し」も続かない。その「蜘蛛の糸」が、底辺独立リーグなのではないだろうか。

第八章

「そとこもる」ノマド・リーガー

アメリカプロ野球の実態を見ると、独立リーグに挑戦した選手の大半は、野球エリートなどではなく、結局のところ、日本では「プロ」には程遠い存在であったことがわかるだろう。

そういう現実を突き付けられてなお、プロ野球選手という夢をあきらめきれない若者も多い。あきらめの悪さは、ある意味、若さの特権だからこれも仕方がないのかもしれない。その若者のあきらめの悪さを利用して、さらにレベルを落としたリーグが生まれる。それが、最近のアメリカ独立リーグの状況である。

独立リーグの勃興により、「プロ野球選手」の数はアメリカで確実に増えた。独立リーグの総球団数は、黎明期の一九九三年から一九九五年までに毎年倍増していった。その後、九リーグ七十二球団を数えた二〇〇三年をピークとし、大体五十〜六十球団の間で推移している（グラフ2　一三八頁）。野球の本場アメリカというマーケットをもってしても、プロ野球興行ビジネスはこれくらいの数字が限界なのだろうか。一チーム二十五人として一二〇〇〜一五〇〇人の選手が独立リーグ球団に雇われていることになる。

現在に至るまでのアメリカにおける独立リーグの興亡の中で、「勝ち組」リーグは経営を安定化させる一方、報酬と比例してレベルも低下させた新興リーグとの差はどんどん開いていった。そういう中で、新たに誕生したリーグは、既存の独立リーグへの選手送出を主眼に置くようになっていった。気がつけば底辺独立リーグは、「プロ野球選手」になりたいという若者を吸収する場となっていったのである。

ある独立リーガーはこう言う。彼は高校時代甲子園を二度経験し、大学でも一年春からレギュラーポジションを獲得、NPBのスカウトからも注目を浴びたが、結局ドラフト候補のままで終わった選手である。彼は、大学卒業後に日本の独立リーグでプレーした後、アメリカへ渡った。

「アメリカ独立リーグと言っても、いろんなリーグがあります。まともなのはアメリカン・アソシエーション、カンナム・リーグ、それにアトランティック、フロンティアといったところでしょうか。あとはもうひどいもんですよ」

挙げられた四つのリーグは老舗と言っていい。彼がプレーしていたアメリカン・アソシエーションは二〇〇六年にできた新興リーグだが、アメリカに独立リーグが興った一九九三年に発足したノーザン・リーグの創設者が、自らリーグから脱退し、強豪チームを引き抜いて創ったリーグである。彼はまた一九九五年創設のカンナム・リーグも取り仕切っている。両リーグはロースタールールも選手報酬の水準も同等なので、プレーレベルも同じようなものと考えていいだろう。メジャー傘下のマイナーで言えば、三軍にあたる2Aレベルだと一般的に言われている。

一九九八年に創設されたアトランティック・リーグは、アメリカ北東部のメガロポリス周辺というマーケットの利を生かして、現在までプレーレベルにおいても興行成績においてもアメリカ独立リーグのトップに君臨している。プレーレベルは3A（二軍）と同等か少し下だと言われ、元メジャーリーガーやNPBの元助っ人も多く在籍している。

これら三リーグに対してシカゴを中心とする中西部に展開されるフロンティアリーグは性格を異にする。どちらかと言えば、育成に重点を置き、「プロを目指す若者の登竜門」という日本の独立リーグに近いかたちで運営されている。

選手の登録には二十七歳という制限があり、これに「オーバーエイジ」枠が各チーム一人認められる。そして、チームのロースターの半分は、独立リーグを含むプロ経験二年未満の「ルーキー」で占められる。選手に年齢制限がある分、このリーグでは元選手を指導者として受け入れることにも積極的である。元メジャーリーガーや元３Ａ選手を監督として迎え入れることが多い独立リーグにあって、ここではこのリーグでしか選手経験のない者を監督に据えることも珍しくはない。

成功を収めているリーグに対して、他の独立リーグは正直プロリーグとしての体裁をなしているのかさえ疑問を抱くような現状である。

前章で紹介した、日本人選手の渡航ブームを巻き起こしたカナディアン、ゴールデンの両リーグはともに現在はない。このうちゴールデン・リーグは、アメリカン・アソシエーションに有力球団を引き抜かれ瀕死の状態になっていたノーザン・リーグと、テキサスを中心に活動していたユナイテッド・リーグとタッグを組み、発展的解散を行った上で、新リーグ、ノースアメリカン・リーグを二〇一一年に立ち上げている。

しかし、この「負け組」リーグの寄せ集めがうまくいくはずもなく、一度もシーズンを完遂することなく二年で解散。カリフォルニアのパシフィック・アソシエーションとテキサスのユナイテッド・リーグに再分裂した。

このようなリーグには、「とにかくプロという名のつくところでプレーしたい」という選手が集まってくる。メジャー傘下のマイナーのA級あたりをクビになった選手に、プロ経験のない選手を加えてペナントレースを辛うじて行っている。

ノースアメリカン・リーグには、前身リーグの目玉選手、日本人女性ナックルボーラー・吉田えりが在籍していた。日本では無給状態に陥ったカンドクでも勝ち星をあげることができなかった彼女が、アメリカ野球挑戦二年目で「プロ初勝利」を挙げたのがこのリーグであったことは、このリーグのレベルを語るのに十分だろう。

客観的にプロとして見た場合、彼女のプレーレベルがアメリカに行って飛躍的に向上したわけではないことは、ノースアメリカン・リーグやその後継のパシフィック・アソシエーションが、シーズン終盤になると必ず元メジャーリーガーの名物老人（二〇一三年シーズンで六十六歳）を引っ張り出してきて、「プロ野球最高齢記録」を次々と樹立していったことが示している。この老人、元レッドソックスのビル・リーは、公式戦に出場しては、安打を放ち、勝利投手にもなっている。

このクラスのリーグに集まる選手のほとんどは、MLBのドラフトに「惜しくも」かからなかったようなレベルの選手ではない。彼らの目指すところは、MLB傘下のマイナーではなく、より上位の独立リーグなのだ。毎日野球ができ、食住を提供してもらえるところを求めてアメリカの大地をさまよっている。

アメリカ版、ノマド・リーガーの入り口

このような底辺リーグの典型が、二〇〇七年に発足したニューヨークステート・リーグである。このリーグは、発足当初からMLBのドラフトから漏れた新卒の選手に、再チャレンジの場を与えることを明言していた。

底辺リーグの一つパシフィックアソシエーション。草野球場のような場所で公式戦を行っている
(2013年8月　カリフォルニア州サンラファエル)

その後、「プロ」を名乗るのをやめ、ある年はチーム数が奇数になって試合を組むのに困っていた独立リーグのひとつ、カンナム・リーグに合同チームを派遣していた。やがて学卒後、行き場のなくなった選手を集めて夏の間のひと月半ほど二チームによる対抗戦を行うようになった。

夏場という時期もあり、故障者などが出て戦力不足に陥った独立リーグのチームに引き抜かれたり、MLBのスカウトが選手を獲っていったりするので、何人かはプロ契約を勝ち取っている。しかし、彼らの行き先の大半はやはり独立リーグであった。

このリーグ以降、各地にトライアウトリーグや底辺独立リーグが設立された。アメリカで独立リーグが認知され、リーグのプレーレベルや地位も上がってくると、今度はそこを目指す選手があらわれるようになった。既存の老舗独立リーグとの契約を目指す選手のための独立リーグが誕生したというわけだ。ニューヨーク・ステート・リーグがそうだし、先に触れたペコスやフリーダムもその部類に入る。

つまり、アメリカプロ球界における裾野の広がりは「プロ野球選手」のインフレ状態を生んだのだ。彼らの多くにとって、報酬の多寡は重要ではない。メジャーのトレーニング施設でのキャンプや、少ないながらもスタンドに集まった有料観衆の前でのプレー、試合後に自分を取り囲むファンにするサイン。「金では買えない」経験は、彼らの虚栄心を十分に満たしてくれる。なんといっても、他にアルバイトなどせず、誰からもうしろ指さされることなく、好きな野球だけをしていられる。もっと言ってしまえば「本場」の環境は、ノマド・リーガーの球歴をリセットする装置として十分すぎる機能を果たしている。

今やMLBのスカウト網は、南米ブラジルやアルゼンチン、ヨーロッパ、さらにはアフリカにまで広がっている。ポテンシャルは十分だが、野球経験とそれに伴う技術の足りない彼らを育成するのに、ある程度技術を兼ね備えた日本人選手は彼らの「かませ犬」としてもってこいの存在だ。

「そとこもり」としての海外挑戦

いわゆる「バックパッカー」を旅人の目線から観察した作家の下川裕治は、若者の自分探しの旅にかこつけた海外滞在を「そとこもり」と表現したが、ノマド・リーガーの行動もこれと類似している。ともにいったん海外に出るという目標を立ててしまえば、あとはその目標に向かって、ひたすら国内でアルバイトに精を出す。その職種は不安定低賃金労働そのもので、稼いだ金で購入した航空券を手に、旅人は「沈没」地点を目指す。ノマド・リーガーたちは、これまた不安定低賃金に季節雇用まで加わった劣悪な労働に従事しに行く。この「労働」の最底辺は、渡航費もペイできないほどの安い報酬、もしくは滞在費だけ面倒を見てもらえるという世界で、もはやそれは「労働」ではなく、一種の消費に過ぎない。そこで見られるのは、まさに「やりがい搾取」そのものである。

下川は、旅しながら現地で働くこともできる「ワーキングホリデー」も「そとこもり」の延長線と位置づけている。既存の日本社会に疑問を抱き、ある種の変身願望をもって「海外で働く」という夢を抱いて飛び出すも、言葉の壁もあり現地でありつけるのは単純労働でしかない。そして少なからぬ者が、モラトリアムの延長期限であるビザの有効期間が近付き、日本に帰らねばならないという不安感に襲われると、生活費の安い東南アジアなどの途上国に「脱出」し、そとこもってしまうのだ。

下川は語学留学さえそとこもりの入り口だとする。彼らが現地で行うアルバイトや仕事は、日本で従事していたものよりはるかに賃金の安い単純労働であることが多く、現実には彼らが夢見る、ビジネススキルとしての英語習得には結びつかないことがほとんどだ。それはもはや体験型の旅行パッケージと化しているからである。結局は労働市場における自己の価値を低下させているに過ぎない。

そもそも成人になってからの一年や二年の語学留学で、ビジネススキルとしての語学力は身につかない。国際的なキャリアを身につけるために語学留学した学生で、現地で成功を収める者は、日本にいる時点で、すでに一定レベルの語学力を身につけている。

仕事を辞めて語学留学をした若者が突然変身することがないように、日本で成功を収めることができなかった野球選手がアメリカでプレーしたからといって、何かが劇的に変わるわけでもないのだ。

野茂英雄が、重い扉を開けた後、NPBのトップ選手がつぎつぎと海を渡った。イチロー、新庄、城島、松井。日本のスター選手がつぎつぎとメジャーで活躍したが、それまで無名の選手が、マイナーからたたき上げでメジャーデビューしたという例はほとんどない。すでに述べたマック鈴木や多田野、GG佐藤、山口、それに横浜ベイスターズを自由契約になり、モントリオール・エクスポズでローテーションピッチャーになった大家友和の例があるじゃないかと言う人もいるが、彼らは語学留学で言えば、はじめからTOEFLスコアの高かった学生である。

世界でもトップクラスの実力を誇るNPB。そのスカウトが全国をくまなく網羅し、リトルリーグから高校・大学野球、社会人野球までの育成組織をもつ日本の野球界では、いくら野球の本場とは言え、単にアメリカでプレーした経験があると言うだけでは残念ながら評価はされないのだ。

越境するノマド・リーガー

「夢」追求のため、本来ならば「夢」をあきらめる場でもあるはずの独立リーグをさまよう若者の行き先は、もはや国内だけにとどまらなくなってきている。彼らは、野球ができるのであるならば、海を渡ることも厭わない。

宮崎憲次（仮名）もそういう若者のひとりである。一九八四年生まれというから、第五章に登場した柴田と同じロスジェネ世代だ。

野球では全くの無名校のエースで四番だった。最上級生になった頃には、「プロ野球選手」は確固たる目標になっていたというが、無名校のワンマンチームでの活躍は、プロのスカウトの注目を集めることはなかった。

高校最後の夏が終わった後も「夢」を諦めきれなかった彼もまた、雑誌で見つけた「ベースボール・アカデミー」の広告に誘われ、米国への野球留学を決意した。邦貨にして数十万円の渡航料を親に支払ってもらったのも、柴田と同じである。但し参加費に関しては、日本で行ったトライアウトにおいて、彼の高い運動能力がスタッフの目に留まり免除された。

高校卒業直前の年明けに彼は渡米し、アカデミーが取り仕切るキャンプに参加した。しかし、プレー中の怪我が災いして、結局プロ契約を勝ち取ることはできず、三月には帰国し高校を卒業した。

帰国後、まだ願書を受け付けている大学があったので、これを受験し合格した。野球はここで続けることにした。しかし、高校時代はワンマンチームのリーダーであった上、米国でフランクな人間関係を体験した彼は、日本の体育会特有のタテの人間関係に馴染むことができなかった。一年生の秋季シーズンで野球部を退部、大学も辞めてしまった。このコースはある意味、ノマド・リーガーの「王道」でもある。

宮崎いわく、学業は苦手というわけではなく、単位をとって卒業することは難しいことではなかったが、プロ野球選手という目標を捨てきれていなかった彼には、野球のない学生生活は想像の及ぶところではなかったらしい。

その後、一年間フリーター生活を送ったが、アカデミーで彼に目をつけたスカウトが「スカウティング・リーグ」でのプレー話を持ってきた。

スカウティング・リーグとは、ＭＬＢのドラフトに漏れた学卒選手やプロ志望の学生などを集めて、主に夏季休暇中に行う北米のアマチュアリーグである。この話に宮崎は乗った。

二〇〇四年、二十歳の夏に彼は再び渡米する。報酬はなかったが、宮崎の場合、食住についてはスカウトが用意してくれて、ここで紹介される野球教室でのコーチングでいくばくかの金銭を得ていたという。彼としては、これをきっかけにどこかの球団とプロ契約を勝ち取ろうと考えていたのだが、それは叶わなかった。そもそも就労ビザも取得していなかったのだから、常識的に考えれば無理な話なのだが、二十歳の夢見る若者にはそんな手続きを考える余裕はなかったようだ。

リーグ終了後、彼は帰国したが、この時には彼の中で、「アメリカでプロ野球選手」という夢は絶ち難いものになっていた。三ヶ月間、ほぼ毎日、九十試合をこなしたことは、プロとしてプレーを続けていく自信をさらに深めさせた。しかし、この自信を実現しようにも、大学野球を中途で辞めた彼にチャンスを与えてくれる場は、日本にはなかった。実際に宮崎はＮＰＢ球団のトライアウトを受験したが、声がかかることはなかった。

結局宮崎は、スポーツの専門学校に進むことにした。幸いにも特待生として入学することができた。二年の在学中、スキーやキャンプのインストラクター、シュノーケル指導員やパソコン検定などの資格をここで手にした。

学校を卒業した後、彼は就職した。就職先はちょうど実業団チームを立ち上げたばかりのところで、そこで野球を続けることができたからだ。しかし、このチームの運営は一年たらずで頓挫してしまった。野球をすることを目的に入社した彼は、やはり会社も辞めてしまう。

そして、シーズン途中のトライアウトに合格し、国内の独立リーグの球団に入団した。初めて彼は「プロ野球選手」となった。しかし、出場機会に恵まれることなく、シーズン終了後にあっさり解雇される。

彼はなおも夢をあきらめなかった。翌年、再び海を渡り、カナダのセミプロリーグのチームに入団した。ここでは現地の選手は他職を持ちながらプレーするのだが、宮崎も含めて選手は試合に来れば、オーナーからいくばくかの金銭が支給された。その分、成績が悪いと「解雇」されるという厳しさがあった。ここでも結局、シーズン途中に戦力外通告されるはめになる。それでも彼は、シーズン終了時までカナダにとどまり、プロの独立リーグのチームの練習に飛び入りで参加するなどして「プロ野球選手」への道を模索したが、結局これも叶わず、帰国した。

ある意味、すごいバイタリティではあるが、この時、彼も二十四歳。

昭和の大学生が長い髪を切り、「もう若くないさ」と言い訳しながら、世知辛い大人の世界に入っていったように、彼もまた就職という道を選んだ。彼はユニフォームを背広に着替え、営業マンとしての道を歩むことになった。

しかし、「夢」は三たび彼の目の前に現れてきた。

サラリーマン生活が一年も経とうとした二〇〇九年秋、カンドクの新球団、コリア・ヘチのトライアウトが行われることを知った宮崎は、最後のチャンスとこれに参加、見事合格する。すでに述べた通り、本当のところは、ゴタゴタ続きで人材難に陥ったため、合格のハードルが下がっただけのことだったのだが、本人にはそうは映らなかった。

二十六歳になった宮崎は、二〇一〇年シーズンを再び独立リーガーとして送ることになった。そして、彼は、このチームで初めて「プロ」としてフルシーズンプレーした。リーグ自体はシーズンの途中に選手への給与の支払いを止め、事実上プロリーグではなくなっていたが、彼の所属するチームは、ビザの関係でチームのほとんどを占める韓国人選手がプロ野球興行以外の労働を行うことができなかったため、所属選手全員にシーズン終了まで給与が支払われた。

チームは前後期とも最下位という結果に終わったが、宮崎自身はレギュラー選手として好成績を残し、そのことが自信になったのだろう、シーズンが終わると、彼はオーストラリアへ渡ることにした。この国では、この二〇一〇年の冬季シーズンからプロ野球が再開され、ここでプレーして次のステップに進もうと考えたのだ。

しかし、現実は甘くはなかった。アマチュアクラブチームでプレーしながら、プロリーグのトライアウトを待つ彼に、チャンスが巡ってくることはなかった。年が明け、二十七歳になった彼は、翌シーズンカンドクに戻った。

シーズン終了後、彼は自らの夢の最後の場所として韓国へ渡ることにした。韓国人球団でプレーしたことからわかるように、彼のルーツは韓国にあった。確かなルートがあるわけではなかったが、なんとかつてを頼れば、NPBより幾分レベルの落ちる韓国でならなんとかなるかもしれないと思ったのだ。

「最後の挑戦」と彼は、この渡韓について言っていた。しかし、事前に調べれば、自分が韓国プロ野球でプレーすることがほぼ叶わないことは簡単に分かったはずだ。韓国プロ野球の外国人選手枠は当時二人。すでに日本国籍を取得していた彼は、この枠でしか契約できなかったのだ。

元メジャーの助っ人が入るこの枠に、日本の独立リーグでさえさしたる成績を残したわけでない選手が割って入る確率はゼロに等しいことなど、本人が一番わかっていたはずだ。

NPBでもプレー経験をもつ、韓国人チームでの同僚選手は、はじめ宮崎とともに韓国プロに挑戦する予定だった。彼はNPB球団を自由契約になったあと、韓国で一年プレーしたが、出場機会に恵まれず、ここでも自由契約の憂き目にあっている。

彼は、カンドクでは圧倒的な力を見せつけていた。しかし、すでに前年に「引退」していた彼は、結局渡韓しなかった。日韓のプロ野球を経験してきた彼には、そんな状態でトライアウトを受けたところで、合格しないことが十分に分かっていたのだ。

高校卒業までアマチュアのトップを走り、一軍定着はかなわなかったものの、日韓のトップリーグでプレーした同僚のこの行動が、宮崎というよりカンドクでプレーする選手たちの「夢」が決してかなうことのない幻であることを端的に表しているように思えた。

Wonders

韓国独立球団「高陽ワンダーズ」。高知でのオープン戦前の風景

宮崎に帰国後話を聞いた。渡韓後、数球団をアポなしで訪ね、練習への飛び入り参加を直訴したが、門前払いを食らったと言う。普通に考えれば、当たり前の話だ。

おそらく、彼は正式に韓国球団のテストなど受けるつもりはなかったのだろう。入試で言えば、願書も出さず、試験場に行ったようなものだ。

なぜか。事前に韓国プロ野球の外国人選手についての規定を調べれば、そもそもの挑戦自体が、結果の見えたものになってしまう。可能であったはずの、日本人のネットワークを使っての正式なトライアウトも、プロ選手に交じってのプレーが周囲と比べあまりに拙ければ、話をつないでくれた人の顔をつぶすことになるし、不合格を言い渡されれば、「最後の挑戦」も終わってしまう。

競技以外に人生の価値観を見出せなくなったアスリートにとって、競技生活の終わりは「社会的な死」を意味すると言う。宮崎にとっても、野球を辞めることは「死」を意味するのだろう。

結局、彼は翌年も夢を追い続けることにした。韓国での挑戦は、門前払いだったので、彼に引導を渡さなかったのである。高知でキャンプを張る韓国の独立球団に得意のアポなし訪問をして、プレーを見てもらった。そして、不合格が言い渡された。三十路を越えた彼は、現在、ヨーロッパで指導者兼選手としてプレーしている。

第九章

球歴ロンダリング

こうやって見ると、「プロ野球選手」にもいろいろあることがわかる。一般に想像されるような、「子供の頃からエースで四番」だった類まれなる才能をもったアスリートが集まり、誰もが羨むような報酬を手にするというイメージで捉えることはできない者も多い。それでも、「職業・プロ野球選手」という響きは、人を魅了する。

だから、ノマド・リーガーたちは、国内にとどまらずに海を渡る。海外でプロ野球選手。その実態が普通の人には見えない分、苛酷な現実とは真逆のプラスイメージを他人に植え付けることも可能になる。

二〇〇一年から二〇〇三年の三シーズンについて調べただけでも、NPBを経ずに、北米プロリーグに挑戦したとされるアマチュア日本人選手の中で、実際に公式戦に出場した記録が見られない者は、少なくとも十五人いる。

そのうちのひとり、宇野圭介（仮名）は、首都圏の大学二部リーグでプレーしていた選手であった。そのリーグは強豪ともいえず、二部ともなると、上位数校以外は強豪リーグなら四部程度らしい。少なくともプロ予備軍がプレーするような場ではなかった。彼の出身校は、その上位数校に入っておらず、これまでNPBのドラフトで指名された選手もいない。

ただ彼自身は甲子園にも出場したことのある地方では名の知れた高校出身だったので、この大学の野球部にあっては、周囲より頭ひとつふたつ抜けていたのかもしれない。

ドラフト候補に名前が挙がらなかったのだから、そのまま企業に就職するのが一般的なライフコースだっただろう。その大学はエリート校とは言えないまでも、「お坊ちゃん」学校としてそこそこ名も通っており、就職に不利な大学ではなかった。

彼が卒業した年は、バブル崩壊後のいわゆる「第一次就職氷河期」の真っただ中だった。おりしも、時代はメジャーリーグ・ブーム。そして、アメリカには独立リーグという競技継続と夢への挑戦の場が存在することが、メディアを通じて日本の野球好きの人々に認知され始めていた頃である。そして、アメリカで夢に挑戦したいという若者の需要を取り込む新興ビジネスが雨後の筍のように興っていた。

彼もまた、そういう時代の波に飲まれていった。

どういうつてを頼ったかわからないが、彼は、あるＭＬＢ球団のスプリング・トレーニングに参加した。しかし、マイナーのオープン戦にさえ出場することなくカットされ、その後、独立リーグの球団に「入団」したものの、ここでもプレーすることはなかった。

その後、アメリカの大学に進み、ここで身につけた英語で、日本人メジャーリーガーの通訳の職を得た。その後は新聞記者をしたり、スポーツ関係の会社に勤めていたようだが、その後の行方は分からない。

彼は被害者だと考えられないこともない。

「球団からは実は何の権限も与えられていない、きちんと雇われてもいない『ＭＬＢスカウト』なんかゴロゴロいるよ。そんな奴でも、田舎の高校に顔を出せばもう大騒ぎだよ。スカウト様は、もうＶＩＰ扱いだからね」

とは、ある国外の野球関係者の話である。そういう自称スカウトの中には、何も知らない野球少年や親を手玉に取って、「メジャー挑戦」をダシに金をむしり取る輩も多かったという。高額の手数料と引き換えに、見込みのないトライアウトの場をしつらえるのだ。宇野もまた、そういう輩にもてあそばれたのかもしれない。

メジャー挑戦から実業界へ

しかし、「野球の本場で（マイナーとは言え）プロ野球選手だった」という経歴は、日本に帰ってくれば、「実力本位の国、アメリカで腕一本で自分の道を切り開いたバイタリティあるつわもの」とみられることもある。

「本場」を経験した彼らは、こう言う。

「アメリカで培ったバイタリティはビジネスの世界でも通じる」

そして実際に、この根拠のない自信は、しばしば彼らの身を助ける「芸」になる。実際、「元アメリカプロ野球選手」を名乗り、国会議員になった者もいる。その「先生」のプレーの形跡もまた発見できなかった。

穂積信夫（仮名）が単身アメリカへ渡ったのは、一九九〇年代半ば、十六歳のときのことだった。その後、現地のプロ、アマリーグで六年半にわたってプレーしたという。しかし、その間になぜか国内の名門私立大学に入学している。さらにその後、別の名門大学にも合格しこちらにも入学したという。この二度目の大学入学を機に、彼は「現役」生活にピリオドを打った。

引退後は、専門学校に職を得て教壇に立つかたわら、大学院にも進んで「情報処理工学」を研究し、今度はシステムエンジニアに転身後起業したという。

ここまでの話を聞く分には、彼は常人の三人分くらいの人生を歩んでいる。まさに立志伝中の人物だ。しかし、今一度見直してみれば、その「華麗なる」経歴にも多くの疑問点、矛盾点が浮かび上がってくる。

そもそも、彼の六年半に渡るアメリカでの「プロ、アマを含めた野球競技経験」が、どこを探しても出てこないのだ。さすが野球大国アメリカ、マイナーリーガーを含めたすべてのプロ野球選手の生涯成績のデータベースがインターネット上にはあり、我々はマイナーリーガーの経歴には簡単にアクセスできる。しかし、私が知っている限り二つあるこの手のサイトでいくら彼の名を検索しても、データは出てこない。

六年半も向こうでプレーしても、データベースに名前が出てこないというのはどういうことか。そもそも、アメリカでプロ野球選手としてプレーする一方、日本で大学生生活などできるのかという疑問も浮かぶ。

「アメリカプロ野球への挑戦」といっても、実際には春季キャンプに参加しただけだとか、渡米してチームに合流はしたものの、結局は無給の練習生としてチームに帯同しただけなどということは決して珍しいことではない。

日本での大学入学に関しても疑問が残る。彼の言葉をそのまま信じれば、アメリカの現役生活（無論シーズンオフは帰国していただろうが）を送り、大学受験の年齢になってすぐ、ひとつめの大学に入学、その後も「現役」生活を送りながら、これを四年で卒業し、卒業後すぐ、二つ目の大学に進むことになり、これを機に「現役引退」したことになる。

こうやってじっくり彼自身が語るプロフィールをたどっていくと、その非現実さには驚かされる。彼の経歴を見ると、「入口」については記載されているが、「出口」については一切記されていない。

ようするにプロ野球選手としての実績や、取得した学位に関しては一切インフォメーションがないのだ。

彼の経歴はまるで、自己啓発セミナーの「教祖さま」のそれである。このような「パイプライン」から漏れた人物の成功譚は、同じような境遇の若者に夢を与える。彼は現在、野球に関連するベンチャー事業を手掛けている。

まるで自己啓発セミナー

中でも際立った印象を与えるのが、大垣穂積（仮名）である。彼の履歴は、二十一歳の時、ニューヨークメッツのスカウトに誘われて、スプリングキャンプに参加したところからいきなり始まる。自ら語るところによると、中学・高校時代はずいぶんと名を馳せた不良だったようだ。それでも大学は進んだが、これも早々に中退している。ちなみに、HP上で自ら語るここまでの履歴の中に、「野球」に関することは出てこない。

そんな若者が、ある日突然MLBのスカウトに見出され、アメリカに渡りメジャーキャンプに参加したというのだ。それも現地では、時を同じくしてメジャーに挑戦したNPBのスター選手、新庄剛志とともにプレーしたらしい。

この時期、日本でもMLBのトライアウトが毎年のように行なわれていたから、そこでスカウトからエージェントに声をかけられたというのが真相だろうか。メジャーとマイナーのキャンプは同じ敷地で行われるので、マイナーのキャンプにトライアウトに来ていた彼が、たまたま新庄選手と出くわして、キャッチボールでもしたのかもしれない。

その後彼は、「独立リーグ球団と契約」したと述べているが、ようするにMLB球団から契約してもらえなかったということだ。この球団は確かに存在はしていたようだが、プロの独立リーグに参入していた形跡はない。

彼のサクセスストーリーはさらに続く。帰国後、彼は人材派遣会社に就職するが、入社直後から業績はトップを走り、異例のスピードで支店長に昇格したという。

その後、自ら人材派遣会社を起業し、自らの「プロ野球経験」を活かして野球塾も設立、実業家としての道を歩んでいる。そこでは、「本場での野球経験」を活かし、新人社員研修、ビジネスマナー講習や高校や大学での就職、進学の面接指導を行っているという。

彼が講演で口にするのは、自己啓発セミナーでよく耳にする根拠のないポジティブ思考だ。これの落とし穴は、彼らが一見世間の常識とはかけ離れた方法で成功を収めたとしても、それは結果としてそうなっただけであって、そのアプローチが成功への方法論では決してないことにある。

彼の経歴には、女子野球の指導者というのもある。アメリカでのプロ経験を活かした指導によって、あるチームからワールドカップ代表に三人の選手を送ったらしい。これについて、女子野球に詳しい関係者に尋ねてみると、次のような答えが返ってきた。

「確かにチームに、外部からの指導者がいたことがあります。なんかガラの悪いアンチャンっていう風貌の人でした。その時期のチームはゴタゴタ続きで混乱していました。ただ、その後、元NPBの指導者が入ってチームが建て直った時には、そのアンチャンの姿はもうありませんでした」

職業「プロ野球選手」。その実態

アメリカへ渡ったという自称「日本人独立リーガー」の足跡を追っていくと、この手の話はとどまるところを知らない。

彼らの中には、自身の「オフィシャル・ブログ」を開設している者も多い。そのうちのひとり、野村秀則（仮名）の経歴を見てみよう。彼は通信制の高校を卒業した後、首都圏の大学に進み、その後IT関連の企業でサラリーマンをしていたという。

三十三歳になって一念発起して退社。アメリカ独立リーグ球団のトライアウトを受験し、これに見事に合格した。そして翌年に再渡米、キャンプでのふるい落としにも生き残り、正式に開幕ロースター入りを果たしたというのだ。

彼らの多くが、世間一般が良しとする人生のレールから外れている。だからこそ、それを否定する。野村もその例外ではない。

彼は首都圏の名の通った大学に通っていた。卒業後は有名企業の系列会社に就職している。しかし、彼はそれを潔しとしなかった。野球で飯を食う道を選んだのだ。それも三十路を迎えてから。

それにしても不思議なのは、彼の経歴から野球が浮かび上がってこないことである。通信制の高校卒ということは、少なくとも高校球児ではなかったのだろう。サラリーマン時代も硬式野球をしていた形跡はない。

彼は高校でも大学でも野球部に所属していなかった。本人いわく「リハビリ中」だったらしい。それでいて、三十過ぎでプロ野球選手になるべく渡米とは、無謀を通り越しているとしか思えないが、現実に彼は「プロ野球選手」になったのだ。

彼はアメリカでのルーキーシーズン半ばにデビューを飾ったあと、シーズン終盤の勝ち試合の九回二アウトから登板し、二試合、一イニング三分の一で一失点、被安打二、四球ひとつという成績でシーズンを終えたという。しかし、彼の公式戦の記録はどこを探しても見当たらない。野村がプレーしていたチームが属するリーグは、このシーズン途中に公式戦を打ち切ったらしく、マイナーリーガーのデータを網羅したウェブサイトにも、この年のこのリーグの記録は残ってはいない。

結局、リーグはこのシーズンで消滅。彼はチームとともに、あのペコス・リーグへ移籍した。そして翌年はまたチームを変え、三シーズンの現役生活を送ったあと、またリハビリ生活に入る。彼のペコス・リーグでの記録は、二シーズンで二試合にしか登板せず、勝ち負けなしの防御率四・一五である。前チームの成績と合わせても通算四試合で五イニング三分の二しか投げていない。自身は自らのチームでの役割を「クローザー」と称しているが、年に一回しか登場しない抑え役とはなんだろう。

彼はアメリカでのシーズン中もほとんど「リハビリ」していたのだろうか。独立リーグとは言え、アメリカプロ野球は、シーズン途中でも容赦なくクビが切られる。ミスをした試合後にそのまま荷物をまとめて宿泊していたモーテルを追い出されるなんてことは日常茶飯事だ。そういうアメリカで、ほとんど戦力になっていない彼が、どうしてシーズンを全うできたのだろうか。

「タックス・プレーヤーだったんですよ」同じペコス・リーグでプレーしていた選手が、その実態を教えてくれた。

「金払って、チームに帯同させてもらうんです。あのリーグは、そういう選手が多いんですよ。僕が知っている範囲でもそういう選手はかなりいました。スカウトからタックス・プレーヤーならプレーさせてやるっていう提示を受けるんです。アメリカ人もいたし、日本人もいましたよ。彼らはエージェントを通して参加してましたけど、なんか変な感じですよね」

こういうことはアメリカでは珍しいことではない。その昔、有名タレントや俳優が、「アメリカプロ野球に挑戦」し、猛練習の結果、公式戦に出場するというテレビの企画があったが、これもテレビ局が独立リーグ球団から出場権を買ったものだろう。「プロ野球体験」も独立リーグにとっては貴重な収入源なのだ。

そういう「プロ野球体験組」の力量が、観客にとって観るに堪えないことは言うまでもないだろう。彼らは「アマ以上、プロ未満」どころか、ほとんど草野球レベルなのだから。これが本格的な野球経験がない者が、ある日突然「プロ野球選手」になるからくりである。

野村は、自分を追ってきた「ジャーナリスト」がいると自らのブログに書いている。彼のブログは一年目の途中から、この「ジャーナリスト」と「スタッフ」が彼のプレーを紹介するという形式に変わっている。彼らが野村の身内に過ぎないことは想像に難くない。よくよく調べてみると、彼はある「スポーツマネージメント」会社を通して渡米していることがわかった。その会社の親会社は人材派遣業を営んでいた。

この「ジャーナリスト」が撮影した、プレーの様子が動画サイトで紹介されている。この手の動画サイトは、ノマド・リーガーの夢を肥大化させるツールである。彼らはいとも簡単に自分のプレーを全世界に発信できるのだから。

動画から流れてくるマウンドから放たれる野村の投球は始球式かと思われるような山なりのものだった。金を払って、消化試合の最終イニングで「お客様」に用意されたマウンドは、始球式ならぬ「終球式」とでもいうべきものであった。

彼のブログには、「プロ野球選手」の肩書が載っている。女子選手の通訳としてフロリダに渡ったり、ある球団からオファーがあるが外国人枠に空きがなく待たされたなどというエピソードがちりばめられている。その上、あの野茂投手が渡米した一九九五年に、のちメジャーリーガーになったマック鈴木と三人で自主トレを行ったとまで書いてある。この時の彼の年齢は十八歳だった。

その後彼は「エージェント」となったらしい。彼のエージェントとしての「契約選手第一号」であるアメリカ人は、二〇一三年、無給のカンドクのチームに入団している。確かに、三回ほど打席に立っているが、短期間で退団したようだ。

「どうせ、うまいこと言ってカネ巻き上げたんでしょう」と、彼を知る人物は言った。

さらに、野村は自らの経験を、通信制高校を併設している学校で学生相手に語っている。金で買った「プロ野球選手経験」を、波乱万丈の人生の中でつかんだ貴重な体験として語る彼の言葉は、なんらかの事情でドロップアウトした若者にどう響くのだろう。

こうして「肥大化した夢」は世代を越えて増殖されていく。

第十章

手を差し伸べる新たな野球ビジネス

「なんちゃってプロ野球選手」が生まれた要因は、どうも学卒から正規雇用というパイプラインからこぼれ落ちた若者の増加にあるようだ。

そして、そういう若者に避難場所を提供するビジネスがここ二十年で増殖している。ここからは、行き場を失った若者を「なんちゃってプロ野球」に誘導するビジネスモデルに目を転じてみたい。

「吉田えり、プロ初勝利」という見出しがスポーツ新聞に載ったのは、二〇一一年のオフシーズンのことだ。女子高生プロ野球選手として、発足初年度のカンドクの看板選手だった彼女は、その後もメジャーリーガーという夢を追って、日米の独立リーグを行き来する。その中で、アメリカの「ウィンターリーグ」に参加し、ここで勝利投手になったのだ。

海の向こうで何かしていれば、それだけですごいと思ってしまうのは、日本人の悪癖のひとつだが、これもその一例かもしれない。一般にウィンターリーグと言えば、アメリカや日本の冬季に、中南米やオーストラリアで行なわれるプロリーグのことを言うのだが、彼女が参加したのは、これとは全く別物であった。

野球の本場アメリカでも、独立リーグの増殖によって、「プロ」のプレーレベルの下限は下がってきている。その中で頭をもたげてきたのが、選手の供給を求める球団やリーグと、プレーの場を探す若者をつなぐというビジネスモデルだ。

その流れで、何がなんでもアメリカで野球がしたいと考えている日本人の若者をターゲットとするビジネスが誕生した。彼らをアメリカに連れていき、ＭＬＢのドラフトからあぶれたアメリカ人の選手と合わせて、スカウトの前でゲームをさせるのだ。これが、スカウティングリーグやトライアウトリーグと呼ばれるものである。そのうち、主に年明けからメジャーリーグのキャンプまでに開催されるものが「ウィンターリーグ」を名乗る。

吉田が参加したのはこれであった。選手が参加費を支払うようなリーグで勝利投手になっても、それは「プロ初勝利」と呼べるものでもなんでもない。

このようなリーグに参加した者の多くは、リーグ終了後、確かにプロ契約を手にする。残念ながら彼らの行き先のほとんどは底辺独立リーグである。

若者を「自分探し」に誘う装置としての底辺プロリーグ

独立リーグ勃興によるプロの裾野の広がりは、「プロ野球選手」という夢を、若者たちの手の届く位置まで引き下げた。しかし、いくら野球の本場とはいえ、定期バスも通らない小さな町の古い球場に、本来ならアマチュアレベルの選手を集めて行うスポーツ興行では、大きな入場料収入・スポンサー収入ともに見込めない。そのことは、アメリカに独立リーグができた一九九三年以降、実に二十以上のリーグが休止に追い込まれていることからもわかる。

そこで興行主が思いついたのが、スタジアムのスタンドからだけでなく、フィールドからも収益を挙げるというアイデアだった。言わば、選手から「出場料」を徴収するのだ。前章に登場した「タックス・プレーヤー」はその好例だ。

しかし、観客からの入場料と、選手からの「出場料」を同時に取ってしまえば、「プロリーグ」でなくなってしまう。そこで、考え出されたのが、短期のプロリーグ興業とトライアウトリーグを組み合わせたビジネスモデルである。「プロリーグ」で、公式戦出場に対し選手にいくばくかの金銭を払う一方で、トライアウトリーグでは、「プロ野球選手への挑戦」という商品をプロ未満の若者に売りに出す。プロ野球興業の一方で、有料のトライアウトリーグを開催することによって、年間収支のバランスをとろうというのである。

筒井浩史（仮名）は、トライアウトリーグと底辺独立リーグを行き来した選手のひとりである。彼は、甲子園にも出場経験がある首都圏の名門大学系列校から、プロ野球選手を輩出しているその大学野球部に進んだ。

しかし、彼もまたノマド・リーガーの御多分に漏れず、進学後すぐに退部してしまう。体育会では当たり前の、下級生に課せられる雑用に耐えられなかったのだ。それにプロへの登竜門として位置付けていた野球部が二部に落ちてしまったことは、大学での野球をそれ以上続ける意味がないものにした。

そして、野球部退部→退学というノマド・リーガーの「王道」が繰り返される。それでもなお、「プロ野球選手」という夢をあきらめない彼は、どうせプロを目指すならプロの指導を受けたいと、独立リーグの門を叩いた。

一年間野球漬けの生活を送れば、なんとかなるのではという思いは、現実の壁にぶち当たる。同じような目標をもつ者の集まりの中で、思うように出場機会を得ることができなかったのだ。彼は二年目シーズンの途中に自ら移籍を申し出たが、移籍先でもポジションを確保というわけにはいかず、翌シーズンを前に渡米を決意する。

まずは、試合に出場することが大事だと考えた彼は、「ウィンターリーグ」に参加することにした。

ここでは、参加費三十万円と引き換えに出場機会が保証されたからだ。インターネットを通して参加を申し込むと、主催者から返事が来た。

「日本の代理店を通してくれ」

日本では数社がこのリーグと業務関係にあり、実際渡米してみると、彼を含めて八人の日本人が参加していた。参加者のほとんどは、彼と同じく大学を中退した者や、クラブチームでプレーしていた者だった。

約ひと月の期間中は、ほぼ毎日試合だった。観に来ると聞いていたスカウトは、実際はそのほとんどがこのリーグを主催する独立リーグのスカウトだったが、MLBのスカウトも何球団か来ており、実際にMLB球団とマイナー契約した選手もいた。元NPBの有名選手もこのリーグに参加したことがあったという話を聞くと、参加者の多くが「次は自分も」という期待を抱いた。

彼は、ここで見事首位打者に輝いた。そして五月に始まる独立リーグの球団から「プロ契約」が提示された。いったん帰国した後、開幕直前に再渡米し、アメリカでのプロ生活を開始させたが、メジャーリーグ傘下の1Aや2Aでのプレー経験をもつ選手も複数いるプロリーグのレベルは、「ウィンターリーグ」とは全く違うものだった。彼はたった二週間でリリースされた。

途方に暮れていた筒井にリーグから声がかかった。

「サマーリーグはどうだ」

このリーグはシーズン前だけではなく、シーズン中もスカウティングリーグを運営していたのだ。

無論、これには参加費用が徴収されるが、そのまま帰国しても仕方がないと、筒井はこれに参加することにした。しばらくすると、この「サマーリーグ」が行われている町にあるチームから声がかかった。このリーグは、「サマーリーグ」で調子が良かった選手をテストがてら公式戦に出場させて、その結果次第でプロ契約を結ぶのだ。筒井はリーグから言われるがまま、新チームに帯同して三試合ほど出場した。そこで合格が出て、再契約ということになったが、ここで突然元いたチームに戻された。

「プロ野球選手体験」という商品

彼のアメリカでのプレーは、プロ選手としての労働というよりは、むしろ消費に近い。何度も名前が出てきた底辺リーグのひとつ、ペコス・リーグなどは、正式な契約を結んでいない「練習生」の公式戦出場が可能で、実際にこのリーグに参加した日本人選手の多くは、報酬を受け取っていない。

筒井の例で言えばようするに「サマーリーグ」というのは独立プロリーグのファームなのだ。しかもこのファームリーグは、選手に給料を払う必要はなく、むしろ選手が参加費まで出してくれる。

筒井が参加した「ウィンターリーグ」、そして「サマーリーグ」を運営していたのは、これまで底辺リーグとしてたびたび名前があがったユナイテッド・リーグだった（このリーグは二〇一四年シーズン限りで消滅）。

底辺独立リーグの球団には、選手を多く抱える余裕はない。チームに帯同するのは、二十数名の登録選手とリザーブリストに入った数名だけである。球団は、登録選手だけにしか給与は支払わないが、リザーブの選手にもミールマネーなどそれなりのコストがかかる。そのコストを抑えるべく、考案されたのが「サマーリーグ」というシステムだった。

なにしろ、欠員が出た際の補充人員が、金を支払いながら出番を待ってくれているのだ。四か月弱のシーズンとは言え、毎日試合をしていれば、必ずけが人が出て、ロースターに穴が開く。この穴を埋めるために、「サマーリーグ」の選手を試合に出せばいい。

選手たちは念願の「プロの舞台」に立つことができるし、リーグ、球団側もコストをかけずに選手を即座に補充することができる。なにしろ、最初の「試用期間」はノーギャラで選手を使うことができる。ノーギャラであっても、選手の方は大喜びなのだから、何の問題も生じない。

本来、多大なコストをかけねばならないスカウティングと選手育成を、利益を出しながら行う「ウィンターリーグ」と「サマーリーグ」は、今や、底辺独立リーグの収益の柱となっている。

筒井は、ふた昔前なら高校で限界を感じて、目標をノンプロに置き換えるか、とりあえず大学へ進んで、その後はそれから考えると言ったレベルの選手だった。

確かに、高校時代まではパッとしなかったが、大学で素質が開花し、プロ入り後スターダムにのし上がっていく選手もたくさんいる。しかし、彼の場合、そのプロへの登竜門である名門大学野球部を辞め、国内の独立リーグにプレーの場を移している。それを彼自身はプロを目指した前向きな行動であると言うが、二部には落ちたとはいえ、ＮＰＢにも名選手を多数送り出している大学の野球部と、独立リーグではどちらがドラフトにかかるのに有利であるかは明白である。本人に実力があり、そこで主力として成績を残せば、プロのスカウトは評価してくれる。巨人の主力である阿部慎之介も大学時代は二部リーグでプレーしていた。

彼のように、高校時代までトップレベルで活躍し、四年後を夢見て大学野球の門を叩く選手はごまんといる。しかし、そのうち実際に大学卒業時にＮＰＢに進むことのできるのは、ほんの一握りの者だけだ。

圧倒的多数の夢破れし者たちにとっても、大学時代を野球に捧げたことは、無駄にはならない。名門大学の野球部ともあれば、ＯＢのネットワークも強固で、就職に有利であるのは間違いない。彼らの多くは、四年の間に自分の夢に見切りをつけ、身の丈にあった進路を、野球部という社会資本を使って見つけてゆくのである。大学中退や野球部中途退部は、子供の頃から野球一筋でやってきた自らの社会資本を手放すに等しいのだ。

第三のピークとしての二〇一三年

筒井が渡米したのは二〇一三年のことである。この年、アメリカプロ野球に挑戦したＮＰＢ未経験の選手は、実に十二人。この数字は、カナディアン・リーグが発足し、日本でトライアウトを実施した二〇〇三年、ゴールデン・リーグが発足し、日本人チームが結成された二〇〇五年に続く三度目のピークである。

このピークは、前の二つとある点で大きく違う。

この年、ＭＬＢ球団と契約したのは、高卒の一人だけであること、そして、それ以外の十一人の移動先が、底辺独立リーグであることだ。さらに言えば、ほとんどの者が「エージェント」となんらかの関わりをもっている。

自力でリーグと接触し、契約を結んだと思われるのは、二人だけである。残りの九人は、挑戦の場をエージェントにしつらえてもらったのだが、彼らの行き先だった三つのリーグはそのまま彼らを導いたエージェントの数と一致する。エージェントごとに縄張りが決まっていたのだろう。そして、彼らの多くは、各エージェントがおぜん立てしたトライアウトリーグに参加している。

筒井と同じユナテッド・リーグに挑戦したのは計六人。このうち彼を含む五人が、同じエージェントを通じ、トライアウトリーグを経て独立リーグに進んでいる。そして、日本人選手が二チームにきれいに振り分けられているのには何か意図的なものを感じる。ホームステイの世話など、日本人は一括して扱った方がなにかとやりやすい。

調べてみると、このエージェント会社は、それ以前にも、七人の選手をアメリカプロ球団に送っている。彼らのうち六人が、日本では独立リーグかアマチュア経験しかない。

この内のある選手は、野球では無名の高校、大学を出た後、クラブチームを転々とし、日本の独立リーグで「プロデビュー」を飾っている。その時のプロフィールを見ると、ストレートの最速が一三五キロとある。実績と年齢を考えるとスカウトには見向きもされないレベルだ。それでも彼は海を渡り、トライアウトリーグに挑戦した結果、レベルの高いとは言えない、ゴールデン・リーグの球団と二十八歳にして初めて「契約」を結んだ。しかし彼の公式戦の記録は残っていない。

筒井と同じ二〇一三年にプレーした別の選手は、高卒後、アメリカの大学、短大を三つも渡り歩いたのち、ユナイテッド・リーグの球団と契約している。結局、彼は出場十試合で「アメリカプロ野球」を去っている。

この年、このリーグのトライアウトリーグに参加した日本人の数は、契約できた者の数よりはるかに多いだろう。彼らがこのリーグに支払った金額は、選手契約できた六人が手にした報酬の額よりはるかに多いことは想像に難くない。このリーグが日本人選手を「いいお客さん」にしていたことがわかる。

「第一世代」のセカンドキャリアとしての「エージェント」

一旦減少に向かったアメリカプロ野球を目指す日本人選手の数が、二〇一三年に再び急増したのはなぜだろう。

今一度、「挑戦者」のプロフィールをなぞると、彼らの多くは、アマチュアでも目立った実績を残したわけでも、日本の独立リーグでさえ主力としてプレーしてもいなかったことがわかる。そういう彼らが「夢はメジャーリーガー」とアメリカへ渡っている。

その背景として、アメリカの野球についての情報が容易に入手できるようになったことに加えて、「本場アメリカでのプロ体験」に日本の若者を誘うルートが構築されたことを挙げることができる。

この「輸出」ルートを作っているのが、「エージェント」である。

「僕もお世話になったんですけど。どう見たって箸にも棒にもかからない奴らをアメリカの自宅に囲って語るんですよ。『お前らなら、絶対成功する』って」

と語るのは、ある元ノマド・リーガーである。東京六大学の名門で選手生活を送った彼だが、四年時まで芽が出ず、たまたま受験したMLB球団のトライアウトをきっかけに、マイナーでプレーし、その後、独立リーグに身を転じた。

彼が十年以上前にアメリカで目にしたのが、肥大化させた若者の夢を商売にしているエージェントだった。こういうエージェントが、ノマド・リーガーを増殖させていった。

「エージェントって言っても、MLBからきちんと認められているのはごく一部でしょう。独立リーグに入団させるようなのは、むしろ『ブローカー』と呼ぶべきでしょ」と言うのは、アメリカ独立リーグでも指導経験のある、元NPBのコーチである。彼はノマド・リーガーたちの、安易にも見える渡米に疑問を抱いている。彼が「ブローカー」と呼んでいる者の中には、自らが指導した元選手も含まれている。

ジャーナリストの速水健朗は、「自分探し」のための放浪を続ける若者向けの安宿の経営者が、自らもかつて「自分探し」を重ねていた放浪者であったことを指摘している。同様に社会学者の橋本健二も、芸能人になるなどの夢へ向けて日雇い労働に従事する若者に簡易宿泊所を提供している若手企業家が、かつてプロサーファーを志望していた「夢追い型」フリーターOBであったことを指摘している。この宿泊所利用の条件は、自社の請け負う日雇い作業へ従事することだった。

つまりは、「自分探し」や「夢追求」を続けたフリーターが発生して二十年ほど経った現在、彼らの中から、自分の後継者相手のビジネスモデル一九八七年のこととされる。それから六年後にアメリカで独立リーグが興っている。多少のタイムラグはあるが、「自分探し」や「夢追い人」の第一世代が、実業界でも野球界でも自らの経験を活かして起業しているようだ。

ユナイテッドリーグの風景。プロ興行とともに、冬と夏のトライアウトリーグでも収益をあげる
(2013年8月　テキサス州フォートワース)

「エージェント」の実態

三野基司（仮名）は、元「プロ野球選手」を自称している。カナダ、オーストラリアでもプレーした「豊富な国際経験」がウリらしい。「コーディネーター」、「プロデューサー」とも称し、数年前に会社を設立、現在「エージェント」を生業としている。顧客はすべてノマド・リーガーである。

彼の野球歴を辿っていくと、アメリカ独立リーグの興亡の歴史と見事にシンクロしていることがわかる。彼は、北米の独立リーグで通算三シーズンプレーしているが、その最初の二シーズンというのは、前章で述べたアマチュア選手による渡米の二つのピークである二〇〇三年と二〇〇五年であり、彼がプレーしたのはそれぞれのピークの主要因となったカナディアン・リーグと日本人チームである。

これに加え、彼の「現役」最後のシーズンが、その後、かなりの空白期間を置いた二〇〇九年であることは、彼の「プロ生活」の実態が空虚なものであったことを示唆している。「現役」時代の成績は、二〇〇三年が四試合十一打数三安打、二〇〇五年が四試合三打数無安打、二〇〇九年は五試合二十打数二安打。前章で触れた「タックス・プレーヤー」を彷彿とさせる。

どうしても「プロ野球選手」になりたかった彼は、一九九六年高校卒業と同時に単身渡米し、その後オーストラリアへも出向き、さまざまなクラブチームやスカウティングリーグをさまよった後、ようやくカナディアン・リーグでその夢を叶えた。

しかし、それもシーズン前のキャンプでリリースされながらも、雑用係としておいてもらう中、ようやくフィールドに立つことができたというもので、リーグ自体もシーズン半ばで解散してしまった。その翌々年に「プロ」復帰を飾った日本人チームも、元主力選手は少なからぬ者は草野球レベルだったと評している。このチームを早々にリリースされた三野が、そのうちのひとりであったことは想像に難くない。

その後、彼は帰国してサラリーマンになったが、どうしても野球があきらめきれず、引退から四年経った二〇〇九年の一月に「ウィンターリーグ」に参加した。ここでの活躍が認められ、三十一歳で再び現役復帰。独立リーグ球団でアシスタントコーチ兼選手として「プロ」最後のシーズンを送ると、彼はエージェントとなった。彼は現在も冬はエージェント、夏は独立リーグの指導者として日米間を行き来している。

それにしても、彼の球歴と、プロ野球のコーチという職業はなかなか繋がらない。確かに、競技することと、指導者としての資質は別物ではあるが、自己の競技レベルとあまりにかけ離れたレベルの選手を教えることが不可能に近いことは容易に想像できる。日本ではまったくの無名選手、アメリカでも底辺リーグですら満足にプレーしていない者が、まがりなりにもプロである選手を指導できるのだろうか。

そもそも彼が就いていた「アシスタントコーチ」とは何だろう。アメリカ独立リーグでプレーした選手の何人かに尋ねてみると、

「簡単に言うと、給料の安いコーチですよ。権限もないみたいですよ。指導というより、選手の話を聞いてケアするような感じですかね」

という答えが返ってきた。

彼の「マネジメント会社」のホームページには、これまでの「契約実績」が連ねられている。なぜか、会社設立以前の選手契約も列挙されている。契約先もプロリーグでもないクラブチームだったり、実際はビザの関係で渡航しなかった選手も交じっている。このホームページには、彼が何らかのかたちで関わったノマド・リーガーたちの名がすべて列挙されているのだ。

これを見ると、彼のエージェント・ビジネスもまた実体の薄いものであることがわかる。

二〇一三年シーズンに三野がアメリカ独立リーグに送り込んだ選手は三人。行先はすべてこれまでたびたび名前が出てきたペコス・リーグであった。

このリーグで一シーズンプレーした選手に聞いてみると、観客は普段は二〇〇人ほど、多くても四〇〇人ほどだという。並みの選手なら月二〇〇ドル、レギュラーポジションをとってやっと四〇〇ドル、一部トップ選手の「高給」が八〇〇ドルという報酬もさることながら、プレーレベルもひどいらしい。

前章の冒頭で登場した米山もこのリーグでプレーしていたのだが、彼が在籍していたチームにも、三野が送り込んだ日本人投手が在籍していた。

その一人が佐久間正（仮名）だ。身長一八一センチ、七十五キロ。幾分細身ではあるものの、体格においては、ＮＰＢの選手にひけはとらない。

高校時代はやはり野球部をドロップアウトし、卒業後は野球部のある専門学校へ進学、高校時に、身長が十五センチも伸びたこともあり、ここでようやく野球にのめり込んだ。このあたりから彼の中で「プロ野球選手」が夢の射程に入ってきた。

二十三歳でクラブチームに入団、アルバイトをしながら練習に励んだ。その甲斐あって、入団一年目にはストレートの最速一四三キロと、NPBの選手と比べても遜色ないスピードを身につけ、実際にNPBのファームとの練習試合でも好投を演じた。

しかし、肩の故障のため、結局二年で退団を余儀なくされ、二〇〇四年に故郷へ戻り、リハビリ生活に入った。その中、地元に独立リーグが発足した。これを聞きつけて、肩は完治していなかったものの、佐久間は藁をもすがる思いでトライアウトを受けた。結果は見事に合格、入団後もローテーションの軸として活躍した。

翌年も登板数こそ減ったものの、〇・九四という向かうところ敵なしという防御率を残した。それでもNPBのドラフトにはかからなかった。肩は完治というわけではなく、それが登板数の減少につながったのだろう。故障はスカウトが最も嫌うことである。「肩を完全に治して、納得できる球を投げたい。それができれば、もう一つ上のレベルでも投げられる」という本人の思いとはうらはらに、当時二十八歳という彼の年齢は、のびしろを重視するスカウトを遠ざけた。

次の年、彼は新設のカンドクに新天地を求めた。ここでも彼は主戦投手として活躍した。一年のブランクを経て、二〇一一年には最初にプレーした独立リーグの古巣に再入団。しかし、年々レベルを上げていたリーグでは、防御率五点台と往年の輝きはなくなっていた。この時点で三十一歳、しかし、彼は不振を年齢のせいにはせず、フォームの改造の失敗だと自己分析した。彼の中では、この時点でも現役引退の選択肢はなかった。

その言葉どおり、翌二〇一二年は、別の球団に移籍した。ここで四勝、防御率二・五〇と復活したかに見えたが、肩痛が再発し、シーズン途中で退団を余儀なくされた。ここで彼も引退を考えた。就職しようとしたが、結局アメリカ野球への挑戦を決めた。この時点で三十三歳。

その時の彼を取り上げた地元新聞にはこうある。

「『異端とみられることには慣れている。年齢や経歴にとらわれたくないし、若い選手に負けるつもりはない』と、（佐久間は）米国での勝負に闘志を燃やしている」

マスメディアご用達の「夢に挑戦するアスリート」という扱いである。こうして、「どん底からアメリカンドリーム目指して海を越えるサムライ」という幻想がメディアによって形成され、これを目にした若者が同じ道を進んでゆく。

彼が挑戦した「アメリカプロ野球」の現実、それは、シーズンの早々からの給与の支払い停止というものであった。

「潰したいですね」

あるＮＰＢの関係者の言葉である。日本のプロ野球で十年プレーし、その後、指導者として活躍した彼は、プロ未満のアマチュア選手相手に、「自分探し」ビジネスをしている「エージェント」を苦々しく感じている。

プロスポーツの世界は、本質的に厳しい世界である。

富と名声を得ることのできる人間はほんの一握り。大多数の者は、夢は夢のまま、モノにならないと判断されれば、放り出され、若くして人生の進路に迷う。だからこそ、若者を厳しい世界に導くものには、大きな責任がのしかかる。

ノンフィクション作家の澤宮優の作品に、ひとりのＮＰＢスカウトの物語がある。

その名スカウトは職業上、若者をプロ野球の世界に誘う。だが、ほとんど活躍できずに数年でプロの世界から去っていった者を思うたびに悩む。自分はひとりの若者の人生を狂わせたのではないか。志半ばにして球界を放逐され、行き場を失った彼らは自分を恨んではいないか。引退後はきちんと生活を営んでいるだろうか。

プロスポーツの世界の成功者と敗者との格差は、一般社会とは比べ物にならないくらい大きい。だからこそ、夢があるのだが、その分、若者をその過酷な世界に導く者の責任は重大だ。その職業としてのスカウトの責任感を、彼ら「エージェント」たちからは感じられない。

三野とは別の「エージェント」は、高校を卒業したばかりの少年を、かつて自分がプレーした野球不毛の地フランスに送り出した。この国にはプロリーグはないものの、外国人選手にはクラブから小遣い程度の手当が支給されるらしい。

彼ら「エージェント」が行っているのは、「自分探し」の再生産でしかない。

自分たちの後継者たちが、野球での成功の可能性がほとんどないことも、そして野球にこだわり続ければ続けるほど、実社会でのキャリア構築が難しくなってくることも、「エージェント」たちは知っている。

彼らは「自分の背中を追ってきてほしい」と口をそろえる。しかし、自らがノマド・リーガーの世界に導いた選手たちが、やがて「引退」し、その後のキャリアまで自らの背中を追い始めたら、彼らはどうするのだろう。きわめてニッチなこのマーケットで、「自分探し」を野球に求める若者を延々と開拓し続けなければならないだろう。

第十一章

ノマド・リーガーの行きつくところ――下層社会への「降竜門」

三野がアメリカへ連れて行く選手の行き先は、底辺独立リーグだけではない。トライアウトリーグに参加しながらも、プロ契約を結べなかった選手には、アメリカ国内のクラブチームが用意されている。

道田聡（仮名）は、「ウィンターリーグ」からクラブチームへ回されたうちのひとりである。彼もまた、大学中退後、無給となったカンドクでプレーしていた。

「やっぱりアメリカなんですよ。アメリカへまず行って、そこから僕の人生がはじまるんです」

彼は、それまで不遇だった自らの野球人生が渡米によって変わると思っていたようだった。シーズンが終わると、解体工や農産物の収穫のバイトを転々とし、金を貯め「ウィンターリーグ」に参加した。

その甲斐あって、ペコス・リーグの球団と契約できたと聞いていたのだが、結局、その年はアマチュアのクラブチームでプレーすることとなった。

その理由を彼は、ビザの関係だと言っていたが、ペコスでは、ノービザでプレーする選手も珍しくはないので、それが本当の理由かはわからない。その翌年も彼は「ウィンターリーグ」に参加したが、またもや「プロ契約」はならず、その夏も前年と同じようにアメリカのクラブチームでプレーし、シーズンが終わってから一旦帰国すると、今度は日本とは季節が逆のオーストラリアのアマチュアクラブの門を叩いた。その後も彼は日本でのフリーター生活とトライアウトリーグを行き来する生活を続けた。

二〇一四年、アメリカ挑戦三年目にして、彼はようやくペコス・リーグで「プロ野球選手」となった。二〇〇〇ドルを支払ってこのリーグが主催する「スプリンググリーグ」に参加したのが功を奏したようだ。渡航費を加えれば、四、五十万円はかかっただろう。その結果得られる報酬は、この底辺リーグでは、シーズンを全うしたとしても一二〇〇ドルほどである。二〇一五年には、新設された独立リーグ球団のキャンプに参加したものの、開幕前にリリースされクラブチームに舞い戻っている。もっともそのリーグもシーズン開幕と同時に破たんしたようだが。

道田は現在二十六歳。彼が辞めてしまった大学の同級生の多くは、すでにユニフォームをスーツに着替えているはずだ。毎年繰り返される彼の太平洋横断からは何が生まれるのだろうか。そして、彼はいつまでそれを続けるのだろうか。

結局のところ、彼は「プロ野球選手への挑戦」という商品を延々と消費し続けているだけなのではないか。その資金は彼が日本にいる間、将来のキャリアにつながる可能性の薄い低賃金労働によって貯めたものである。高校まで目立った実績もなく、無名の大学を中退、二十代半ばまでひたすら夢を追う姿は、「夢追求型」フリーターそのものだ。

名門国立大から「ノマドリーガー」へ

ノマド・リーガーの中には、そのまま就職すれば、その後の人生の展望も具体的になって現われたのではないかと思われる者もいる。彼らは他人がうらやむようなエリートコースを歩みながらも、キャリア形成の入り口で、そこから離脱してまで「プロ野球選手」を目指す。

北山秀樹（仮名）もまた、三野の顧客のひとりである。

前章で、三野がカナディアン・リーグのキャンプで振り落とされながらも、なんとかチームに残してもらい、プロデビューを飾ったことを述べたが、そのきっかけをつくったのが北山である。

彼もまた、一度はキャンプで振り落とされたが、開幕前のチームの練習に勝手に飛び入り参加し、その足の速さを監督に認められて、契約を勝ち取ったという伝説的なエピソードをもっている。その際に、三野もおまけでチームスタッフとして置いてもらったようだ。

彼は有名国立大学出身のエリートである。この大学の野球部は、首都圏の大学リーグでも下位に属し、無論プロ養成機関でもなかった。ただ彼の同期にプロ入りした選手がいたことが、彼のその後の進路決定に大きく影響したのかもしれない。

自分がドラフトにかかるわけがないことはわかっていた。だから彼は日本よりレベルの低い台湾プロ野球に狙いを定めた。

突拍子もないと言えばそれまでだが、彼の行動力は驚異的だった。台湾の各球団に手紙を書き自らトライアウトを申し出、相手にされないとわかると、単身渡台したのだ。最終的にはコミッショナーに直談判し、練習生という扱いながらある球団に雇ってもらうことになった。

当時、台湾にはファーム制度がなかったので、親会社の実業団チームでプレーした。ここで好成績を残して短いシーズンを終えたが、その後は「一軍」の試合をスタンドから眺める日々が続いた。「実力では十分ベンチ入りできるのに」という思いが頭から離れなかった彼は、監督に直談判した。そして、「練習生の昇格にチーム一同の合意が得ることができない」という監督の言い分を覆すため、北山はみずからチームメイトの署名を集め、監督に突き付けた。外国人選手枠も、ちょうど「助っ人」でやってきたドミニカンがクビになって空いていた。

この彼の行動に、監督は激怒した。練習生の分際でチームの編成に口を挟んだとみなされたからだ。北山には昇格ではなく、クビが通告された。

彼はあきらめなかった。その後もフリーターをしながら貯めた金をスカウティングリーグにつぎ込み、その甲斐あってカナディアン・リーグのキャンプに参加するところまでこぎつけた。そして、一旦リリースされながらも、自分の手でロースターを掴み取り、レギュラーポジションも奪った。

結局、このリーグもシーズン半ばに解散してしまったのだが、独立リーグとは言え、プロチームでレギュラーを張っていた彼には、あきらめる理由は何もなかった。

帰国後、再び彼はフリーターに戻った。東北の農村で収穫の手伝いをしたり、沖縄の民宿で皿洗いをしたり。彼はそうやって金を貯めては、アメリカのスカウティングリーグやオーストラリアのクラブチームを渡り歩いた。

その中で得たのが、中国プロ野球の情報だった。この国は二〇〇八年の北京五輪で、開催国枠が与えられる野球競技への準備のため、それまであったアマチュアの強豪チームを「プロ」に昇格させ、主に日本からスポンサー企業を募ってプロリーグをスタートさせていた。社会主義のこの国では、選手は公務員の扱いで、一般サラリーマン程度、邦貨にして三万円ほどの月給を手にしていた。リーグのレベル向上のため、外国人選手もほぼ同等の条件で受け入れていた。

北山はこのリーグに狙いを定めた。ちょうど新チームができると耳にしたからだ。このチームも、外国人選手を採用するに違いない。

彼のこの目論見は成功した。いつものとおり、なかば押しかけで自分のプレーをチームの首脳陣に見てもらった北山は、自力でビザをとることを条件に採用を勝ち取ったのだ。いったん帰国した北山が労働ビザを取り戻ってきたとき、監督はまさか本当に戻ってくると思っていなかったのか、なかば呆れて首をかしげた。彼がここで手にする報酬を考えると、二度の渡航というのは、どう考えても割に合わないからだ。

しかし、ここでも彼のプレー生活は長くは続かなかった。開幕してひと月もたたないうちに彼は自ら退団してしまう。野球後進国の役に立てばと思い、彼が行った提言が煙たがれ、首脳陣との間に溝ができてしまったのだ。

この後、しばらく彼は再びフリーターとして海外でのプレーを模索したが、ついに野球をあきらめた。鍼灸師の資格を取るべく専門学校に進み、無事就職も決まり、本格的なキャリアを積んでいくことになった、はずだった。

職場の整骨院近くの居酒屋で彼に話を聞いたのは、三年前のことだ。その時彼は、「もう野球に未練はありません。これからは鍼灸師として腕を磨いていきます」と今後の抱負を語っていた。

ところが、翌年の春を前にして彼から一通のメールが来た。

「恥ずかしながら、現役復帰を決意いたしました。『ウィンターリーグ』に参加してアメリカでプロを目指します」

三野の会社のホームページを見ると、そこには彼の再挑戦がアップされていた。

「北山秀樹選手が八年ぶりに現役復帰を決意いたしました」。

五月になると、彼はあのペコス・リーグ入りを果たした。この時点で彼は三十四歳。無給の練習生としての「現役復帰」は、彼の人生にどんな影響をもたらすのだろうか。

きわめて前向きな挑戦

「キャリア」とは「轍（わだち）」という意味である。人生の長い道のりをどう歩んできたのか、その足跡が人を評価する目安であることに異議を挟む者はいないだろう。

人生、学歴や経歴、肩書がすべてだというつもりはない。この言葉が氾濫し、「キャリア教育」などという言葉もそこらじゅうで目にするようになった現在、多くの人がこの言葉に「未来」を想起するが、この言葉の持つ意味は、本来的には過去の蓄積なのである。それなしには未来もありえない。

プロアスリートへの道へ進む者と、会社員への道を進む者の轍が違ってくるのは当然だ。だから私は名門国立大学から、海外のマイナーリーグでの「プロ野球選手」というキャリアパスに、どうしても違和感を覚えてしまう。

北山をノマド・リーガーの世界へといざなった「エージェント」会社のホームページは、野球という夢を追いかける若者に向けてこのように語っている。

「周囲の誰もがそれを疑っても、夢を語ることを恐れず、自分の無限大の可能性を信じなさい。何かを思えば、そこに一パーセントの可能性が生まれるのだから。『できる』、『できない』ではなく、大事なのは『やる』か『やらない』かだ」

そしてこのホームページは、自らの活動を通じて社会に新しい価値観を生み出すという究極の目標を掲げ筆を置いている。

中国リーグのキャンプ風景。月給3万円のこのリーグにも、ノマド・リーガーは喜んで馳せ参じる

まるで自己啓発のキャッチコピーだ。プロを目指して国外でプレー、という体験型旅行ビジネスが、日本球界や社会にどうインパクトを与えるのか私にはわからない。だが、それまで野球で花開かなかった、つまり野球でキャリアを積めなかった若者が、何かを思うだけで生じるという「一パーセント」の可能性にかけるというのは、他人に推奨できる道なのだろうか。

その「可能性」にかけた若者たちは、「アメリカプロ野球への挑戦」という「商品」を消費するための費用を、年の大半を低賃金の非正規雇用の職に従事することによって稼ぎ出している。

ボールとバットを手にした子供たちは、誰しもがプロ野球選手を夢見る。しかし、年月がその夢を打ち砕いていく。それは悲しいことではあるのだが、スポーツだけではない、勉学も恋愛も、人は夢破れ、打ちひしがれることによって、等身大の自分を見つけて大人になってゆく。その過程で、多くの人は「できるか」「できないか」を見極め、自己の過大な欲求を、あきらめることを覚えてゆくのである。その判断の基準が、それまで自分が何を蓄積してきたのかということ、つまり「キャリア」なのだ。

前出のジャーナリストの速水健朗はこう言う。

「自己啓発書が生み出すのは一時的な高揚感、もしくは癒しのみである。またそれがなくなってしまうと、高揚感や癒しを与えてくれる、似たような本や体験を求めて、延々と『自分探し』を繰り返すようになるだけなのだ」

その上で、若者の「自分探し」の射程に浮かぶものとして、国外ボランティア、ワーキングホリデー、留学、世界一周旅行を挙げ、こう続ける。

「ここではないどこかに身をさらすことで何かをつかむことができるという漠然としたもの、（若者たちは）それを海外への旅に求めているのだ」

ノマド・リーガーたちの海外プロ野球挑戦もこれらと同じことだ。そして、若者を「プロ野球」へいざなう「エージェント」も、彼らが野球選手としてキャリアアップをする見込みなど、ほとんどないことはわかっているはずだ。

本来エージェントが行う仕事である球団とのギャラ交渉について言えば、独立リーグを含むアメリカのマイナーリーグでは、選手の給料はキャリアに応じて最初から決まっていることが多いので、交渉の余地はほとんどない。

アメリカのエージェントが、マイナーリーガーや独立リーガーを相手にするのは、メジャー球団や日本をはじめとするアジアの球団と大きな契約をすることになるかもしれないという「青田買い」的な期待と、中南米の貧国出身選手の職探しの手伝い的要素が強い。

三野がやっていることには、そういう要素はほとんどない。ノマド・リーガー相手の「エージェント」のやっていることは、スポーツに名を借りた体験型の「自分探し」ツアーのコンダクターとでもいうべきものである。

名門大学のブランドを捨てた男

ここで第七章の冒頭で紹介した、米山正興に再登場願おう。

あの夜の試合後、私たちは、球場から少し離れたショッピングセンターで夜食をともにした。閉店間際の値引きセールで手に入れた寿司とも言い難いシロモノとコーラを手に、駐車場のベンチに腰掛けながら、彼にそれまでの野球人生を語ってもらった。彼は、その名を知らない人は日本にはいないであろう、名門大学の野球部出身だった。

彼の出身大学は野球の世界でも、一般社会においても名門中の名門である。野球部からは、NPBへ多くの人材を輩出している。彼がプロ野球選手を目指してアメリカに渡ることは一見、なんの不思議もない。しかし、彼が決してプロ予備軍ではなかったことは、野球部に乞われて入ったわけではないことが示している。彼は一般入試でこの大学に入っていた。それでも、公式戦のベンチ入りを果たした経験があるというから、いわゆる努力の人なのだろう。

彼の勤勉さと名門大学のブランドをもってすれば、いくら就職氷河期とは言え、一流企業への就職も可能だっただろう。おまけに体育会出身とあらば、OBのつてを頼れば、エリートサラリーマンへの道も開けていたはずだ。

しかし、彼はパイプラインに乗せられることをよしとしなかった。大学を卒業後、就職せず、プロ野球選手を目指して渡米し、トライアウトリーグをさまよった。

「ずっとアメリカにいたわけじゃなくて、日本にも帰ってきました。その間にシューカツもしてたんです。結局、野球の方はダメで、とりあえず就職しました」

一年の「就職浪人」ののち、彼は流通小売業界の大手企業に入社した。バブル崩壊後、ほんの一時期を除いて買い手市場の続く就職市場にあって、新卒でもないのに、一部上場企業から内定が取れるとは、さすがにトップ大学体育会のなせる業かと思えるのだが、彼のポテンシャルの高さによるところも大きいだろう。彼は、就職活動に際して、名門大学野球部の人脈は一切使わなかった。

「同期のほとんどは、名だたる一流企業に就職しました。プロに行った奴はいませんでしたけど、実業団チームに進んだのはいました。野球部の先輩を頼れば、どこかしら就職できたでしょうけど、そうすると辞めるとき、その先輩に迷惑がかかるでしょ。だから、就職先は自分で探しました」

彼にとって就職は、一時的な宿り木に過ぎなかった。プロ野球選手への意志は固く、せっかくの正社員の身分も一年ちょっとであっさり捨て、働いている間に貯めた資金で再び渡米したのだ。

「せっかく就職できたのにって思われるかもしれないですけど、働いている間もずっとアメリカで野球したいなって思ってました。それで、日本の独立リーグでプレーしていた大学の先輩に連絡とって、アリゾナのトライアウトリーグを紹介してもらったんです。その先輩はアメリカの独立リーグでもプレーしていたって聞いていたんで」。

米山が流れ着いた先もペコス・リーグだった。トライアウトリーグで知り合った「エージェント」に紹介されたのだ。シーズン途中からの約ひと月、ニューメキシコ州の田舎町で、小さな球場に集まった、二、三〇〇人ほどの観衆の前でプレーした。

ギャラは月二〇〇ドルという話だったが、実際はスポンサーがシーズン途中で撤退してしまい、結局一銭ももらえなかったという。幸い食住については、球団がボランティアのホームステイ先をあてがってくれたので、球場での食料の支給とあわせ、ほとんど持ち出しはなかった。

給料の不払いとはずいぶんひどいものだが、訴えようにもその術もわからないし、そもそもノービザで入国しているので、大きなことも言えなかった。どうもこのリーグは、ノービザの外国人選手を受け入れる代わりに、「労働ビザをもっていないから」と無給でプレーさせることもあるようだった。

なぜ、仕事を辞めてまで野球を続けるのか彼に尋ねた。

「とにかくアメリカで野球したいですね。プロ？　それもやはり魅力です。とにかく今はやりたいことをしたいですね。そのあとは、わかりません。多分いったんやめたら野球には関わる仕事をすることはないと思います。でも少年野球の指導くらいはしたいかな」

照れくさそうな笑みを浮かべながらそう答えてくれた。

この夜アポなしで訪問をしたフリーダム・リーグからは、一週間後のトライアウトを告げられたそうだ。「一週間も待たされるのか」と言いながらも彼の表情は明るかった。なにしろ、いきなり試合場に現われ、入団できないかとダメ元で直談判して、一応はみてくれることになったのだから。

しかし、どこの馬の骨かもわからない小柄な日本人を門前払いせずに受け入れるというのは、つまりその程度のリーグということだろう。ひと月後、米山から連絡があった。結局、ビザがないからと断われたそうだ。資金も尽きたので帰国するという。


「僕らのいた頃と比べて、最近はずいぶん状況が変わってきているんです」

米山の大学の先輩にあたる人物はこう言う。米山より五年ほど年長の彼は、現在は大学で研究者をしている。

「うちの野球部は、入部希望者はとにかく受け入れるんですが、昔は、相当の覚悟がなければ来なかったですよ。それこそ、シゴキもあったし、今と違って人工芝の設備もなかったですから。就職目当ての奴もいましたけど、それなりの覚悟がなきゃ続かなかったですよ」

一浪の後この大学に入った米山は、素人というわけではないが、おそらく「断らない」範囲内で入部してきた部類に入るのだろう。

それにしても、なぜ「プロ野球」にこだわるのだろう。これに対してもこの研究者は、自らの経験を踏まえて答えてくれた。

「大学を卒業したら、やる場所ないですからね。プロに行けずにどうしても続けたい奴は社会人やクラブチームで続けるんでしょうけど、今はさらに海外という選択肢ができたんでしょう」

続けてこの研究者に、プロに行きたいとは思わなかったのか聞いた。彼もまた公式戦のベンチ入りを果たしている。

「そりゃ、行きたかったですよ。でも、試合に出てませんから」

その返答は明快だった。

若者を導く「装置」の発生

彼とアリゾナで出会ったその翌年、プロ野球のキャンプインに時を合わせるかのように、恒例のノマド・リーガーたちによる「合同自主トレ」が行われた。

第三章でも触れたこの行事は、三野のマネジメント会社の主催によるものである。例年と同じように、この恒例行事が終わると参加者たちは、「プロ契約」を掴み取るべく、「ウィンターリーグ」へと旅立って行った。

三野が自社のホームページにアップした、空港での参加者一同のスナップには、米山の顔も混じっていた。彼も、三野の世話になることにしたようだった。

そして三十五歳になる北山の顔もあった。選手としてはあきらめがついたのか、彼はこのシーズンは、鍼灸師の資格をいかして、ペコス・リーグで「アシスタント・コンディショニングコーチ」としてシーズンを送ることになる。

「ウィンター・リーグ」が終わってから、三野の会社のホームページが更新された。参加者の中から二人の「プロ契約者」が出たことが誇らしげにアップされている。行き先は、フリーダム・リーグ。このリーグはこの年の開幕を迎える前に消滅した。

三野のもとに集まるノマド・リーガーたちは、既存の価値観にとらわれず、自らの手で自分の人生を切り拓くと理想を掲げる。しかし、彼らがプレーする底辺独立リーグの実態は、プロリーグというよりむしろ、プロ野球選手を目指す若者のための体験型テーマパークというべきものだ。

結局のところ、彼らは資本がしつらえた「プロ野球選手への挑戦」という新たな消費のベルトコンベアに乗せられているだけなのだろう。

そのベルトコンベアを駆動させる装置が、トライアウトリーグや底辺独立リーグであり、その装置の末端に位置するのが「エージェント」なのである。

この装置が駆動し始めたのは、世紀が変わる頃だった。

若者の雇用を巡る環境が急速に悪化してきたこの時期、『アメリカでプロになる！』という今から思えばなんとも象徴的な本が世に出ている。

この本は、若者に向かってメッセージを送る。

「閉塞した日本と違い、アメリカにはプロスポーツ選手になるチャンスがいくらでも転がっている。これを見逃して、眠っていた才能を腐らせるのは惜しい」と。

本の著者は、日本でスポーツビジネスを学び、アメリカで仕事をしていたそうだ。巻末にアメリカでプロを目指す窓口として紹介されている会社はおおかた彼の始めたものだろう。

本は冒頭で読者にこう語りかける。

「『プロになる方法はこれです！』ってそんな簡単な方法あるわけないんです。『○○をすれば必ずアメリカでプロになります』なんて書いたりしたら、逆に怪しまれますよね。ただし「絶対にプロになれません」ということなら知っています。それは、『競技をやめてしまうこと』です」。

最初にずいぶん虫のいい誇大広告があり、それに乗せられて話を聞いてみると、いきなり絶望の淵に追いやられる。その後に提示されるのが単純な二者択一というパターンである。ここでは、芽が出ない選手に、いきなり競技を辞めるか辞めないかの二者択一を迫っている。

少し考えれば、軟式野球をするという選択肢もあるし、ゴルフなど別のスポーツをはじめる、あるいは、別の趣味を見つけることもできるはずである。

しかし、いきなりこう言われると、「学生時代、いまひとつパッとしなかった競技生活」というトラウマを持った若者たちは、目の前にぶら下げられた「プロ」それも「外国で」、というにんじんを前にして、「辞めるか」「アメリカに行くか」という二つの選択肢しか見えなくなる。

さらにダメを押すべく、この本は「アスリートの才能」を貯金に例え、こう続ける。

「みなさんはお金を捨てませんよね。捨てるどころか、（それで）何か買ったりするでしょう。よく才能は植物に例えられます。植物もお金同様、こつこつ水をやらないと大きく育ちません。才能も同じではないでしょうか」

ここまでくれば、怪しげな投資セミナーかねずみ講の勧誘と変わらない。こうして読者は、本当にあるのかないのかどうかはなはだ疑わしい「才能」へ「投資」する道へいざなわれるのである。

アスリートの才能は、貯金とイコールではない。

インフレで多少は目減りすることはあるものの、基本的に貯金は使わない限り減ることはないし、使うときには、ありとあらゆるものと交換可能である。いみじくも、この著者がいうように、ある時点で大きく花開くことのある「アスリートの才能」とはいわば、ハイリスクの金融商品であり、本来ここで貯金に例えられるべき「モラトリアム期の努力」を過度にこれに費やすと、下手をすれば財産を失うことになる。

金融商品ではモノを購入できないのと同様、アスリートの才能も、それそのものだけでは社会をわたっていくことはできない。

アスリートとしての努力は、社会に出たとき、他のスキルに変換して初めて富を生み出す。競技力が収入に直結するのは、本当の意味でのプロ選手だけであり、そういう者の才能は、学生時代からすでに光り輝いていることがほとんどだ。掘らないことには金脈にはたどり着かないが、金脈がないところをいくら掘っても金は出てこない。

自身、甲子園にもたびたび出場した名門校出身で、指導者としても甲子園に行った経験を持つ元高校野球監督のある人物がこう話してくれた。

「プロへ行けるレベルかどうかってのは、もう高校くらいでわかりますから。それに高いレベルでやればやるほど周囲も見えますから、自分の限界もある程度わかります」。

ノマド・リーガーの少なからぬ者は、学生時代決してトップ校でプレーしていたわけではない。普通の学校の野球部でポジションを獲れなかった者さえいる。彼らは自分の限界を悟る機会を多く提供されなかったのだ。

そんな彼らでも独立リーグにとっては必要な人材である。裾野の広いアメリカプロ野球では、国内の独立リーグですら通用しなかった選手でも需要がある。底辺独立リーグにも、メジャー傘下のマイナーでならプレーできるレベルの選手は何人もいる。彼らが実戦経験を積むための「かませ犬」は必要なのだ。おまけに彼ら「かませ犬」は、トライアウトリーグに参加してプロリーグの運営費を提供してくれる。

この本では、日本のプロ野球選手の総数の人口比とアメリカのそれを比べて、アメリカの方が日本より四十七倍プロになるチャンスがあるというのだが、そのからくりが、これだ。

二軍選手でも一般サラリーマン以上の給与を手にし、入団時に一般サラリーマンの退職金（こんなもの出ない人の方が現実には多いが）を数倍も上回る契約金を手にしているNPBと、最低ランクでは月給二百ドルを二か月支給というアメリカを比べることは意味がない。

近年できた育成選手はともかく、NPBの選手はたとえ成功をおさめられなかったとしても、一般労働市場で言えば、正規雇用のサラリーマンに近いかそれ以上の生涯賃金を稼ぐが、アメリカの底辺独立リーガーは、フリーターか下手をすれば無業で世界を旅するバックパッカーに近い存在なのだから。

「アメリカへスポーツしに行くって言っても、大部分は失敗するだろ。帰国後どうするんだ」という読者の誰もが思う当然の疑問に対しては、「英語の上達」という一般社会での「武器」を手にして帰ることができるとする。しかし、企業が求めるのは、ビジネスレベルの英語力であり、フィールド上でのスラングなどではない。

近年、登山や、エコツーリズム、国際援助など、単なる物見遊山ではない「体験型ツーリズム」が盛んになってきている。「プロになる」べくクラブとバットを片手に、アメリカへわたる行為もこの「体験型ツーリズム」の一種と言っていいだろう。

これは単なる旅ではない。それまで不完全燃焼だったスポーツキャリアを「本場アメリカ」で昇華させ、これまた「本場の」英語を習得したつもりになれるのだから。

行き場を失った若者にとって、「プロを目指して海外へ」という行為は、彼ら自身にとっても、彼らの親族にとっても当面のアイデンティティの危機を乗り越えるのに有効なツールなのである。

フルタイムで働くフリーターの平均所得は一四〇万円ほどらしい。月額にして十二万円。ノマド・リーガーの手取り月給もおおむねこの程度だろう。アメリカの底辺リーグでは、もっと低く、下手をすれば月二万円というのもある。アメリカのマイナーリーグでは、球団が選手の食住に関しては、ボランティアのホストファミリーが提供してくれることがほとんどなので、シーズン中（と言ってもアメリカではシーズン中しか給料も出ないが）、選手はほとんど金を使うことはない。遠征先ではミールマネーが支給されるし、支給されないリーグの場合は、ホームチームが軽食を用意してくれると言うから、贅沢しないで好きな野球に打ち込んでいれば、貯金だってできる。

しかし、この貯金もノマド・リーガーを巡る「自分探しビジネス」のサイクルの中では、シーズン前のトライアウトリーグ参加費や渡航費となって消えてゆくのだ。

終章

ノマド・リーガーという生き方

ここまで、独立リーグという新しいプロ野球について随分と辛辣なことを書いてきた。確かに、彼らの中にも本当の意味でのプロに限りなく近い者もいる。しかし、一方では、身の丈に合わない「プロ野球選手」という虚像を求めて、プレーレベルを年々落としながら、着地点を見いだせず、さまよい続けている者もいる。そういう者を見ると、いつまでも将来の見込みのない野球なんかにすがってないで、地に足のついた生き方をそろそろした方がいいのではと思うこともしばしばだ。

その一方で、彼らのような存在があるからこそ、独立リーグのような「小さなプロ野球」が成り立っていることも確かだ。日本を含めて、世界中の「小さなプロ野球」を訪ねてみると、これらが、片田舎で人々に娯楽を提供し、スポーツを通した人のつながりを作り、野球の草の根を支えていることを実感できる。

四国の過疎地にある、スタジアムとも言えないような球場、メキシコの砂漠のど真ん中の町の球場、アメリカのハイウェイ沿いのバスディーポから歩いて一時間もかかる田舎町の小さなスタジアム……。「こんなところで本当にプロ野球が行われるのか」と思えるようなところで、フィールドにユニフォーム姿の選手が散らばる頃になると、粗末なスタンドにもどこからか人が集まってくる。そしてそこに集う人々の表情は、喜びに満ちている。そういう風景を目に焼き付けたくて、私は世界中のスタジアムに足を運んできた。

だが、厳しい現実が独立リーグや国外の底辺リーグの周辺には存在していることも確かだ。それらを踏まえた上での、ノマド・リーガーについての前向きな展望をしてみたいと思う。

今一度、「（NPBやMLBなどの「食える」という意味での）プロ野球選手」という、おそらくは叶わないであろう夢を追う若者が、どうして今増えているのだろうか、という本書のテーマについて考えてみる。

かつてのプロ野球選手は、よくこう言ったものである。「三年経って芽が出なければ、田舎へ帰ろう」と。

昔は若者にはいくらでも再チャレンジのチャンスがあったし、そもそも、学卒後の受け皿も多かったため、プロ野球選手という、成功の確率が低い道を選ばない者も多かった。一九七〇年代頃までは、選手がドラフト指名を蹴ることは決して珍しいことでもなかった。

本人が自覚しているかどうかはともかく、「ノマド・リーガー」が増殖しているのは、やはり社会に若者の受け皿がなくなっているからに相違ない。そのことは、すでに示した、アメリカ野球への挑戦者の推移がみごとなまでに示している。

二〇〇三年の第一のピーク、二〇〇五年の第二のピークは、バブル崩壊（一九九三〜二〇〇五年）、そして第三のピークである二〇一三年は、リーマンショック後（二〇一〇〜二〇一三年）の「就職氷河期」の終期と見事なまでに一致している。

日本のプロ野球で一世を風靡した野茂英雄と、アマチュア球界でたいした実績を残せなかった自分を重ね合わせるという、一見突拍子もない発想を若者たちがするようになったのは、自分の身の丈に合った居場所が、社会の中になくなっていることを悟った若者たちの本能的な行動ではなかったか。

そう考えると、「ノマド・リーガー」とは、現代社会における若者の正規就業までの移行期の新しいかたちであるとも言える。

そもそも、終身雇用、年功序列型賃金なんてものが、本当に存在していたわけでもないし、それが、人生の王道であるともだれが言えるのか。

もちろん、生活の糧を得るための収入を得ながら、かつ、老年期までを過ごすためのスキルを身につける二十代を野球というスポーツにささげるリスクは無視できない。しかし、学卒から正規就業へというパイプラインが絶対的なものでなくなった今、「ノマド・リーガー」の時代があってもいいのかもしれない。競技を継続しながら自己の適性を改めて見極める時期として、ライフサイクルの中に、

ノマド・リーガーが夢から醒めるとき

プロ野球の世界で大成功を収めた選手にも、やがて引退のときはやってくる。日米通算すると、あのピート・ローズの安打記録を塗り替えるかもしれないイチロー選手だって、引退はそう遠くない未来である。

ノマド・リーガーにもやがてその時期はやってくる。ただ、成功者とは違って、プレーがイメージとずれてきたというような体力的な理由からではない。自分が思い描いていた夢に幕を下ろさねばならないところが、彼らにとって難しいところだ。彼らの引退は、ある意味、スポーツセレブたちのそれ以上に葛藤にさいなまれるものなのかもしれない。

現実には、これまで述べてきたような、「現役」にしがみつくノマドリーガーは少数派だ。ノマド・リーガーの多くは、やがて等身大の自分を見つけ、「普通の人」に戻る。ここでは、そんなノマド・リーガーの例を紹介する。

「自分のなかでは、最後までゼロにはなりませんでしたよ」

武田典久（仮名）は、「プロ野球選手」への可能性についてこう答えた。

「最初は半々くらいかな。だんだん小さくはなっていきましたけどね。プレーしている限りは、決してゼロにはなりませんでした」

都心の一等地にある喫茶店。インタビューの場所として、彼は実家の近所を指定してきた。さわやかな挨拶と丁寧な口調からは、育ちの良さがにじみ出ている。付属校からセレブ御用達の一流大学へ進学、卒業と同時に正社員という、誰もがうらやむ人生の王道を歩んできた彼だったが、本人の意識はまったく違うところにあった。

「ずっと同じ会社に勤めることは考えてなかったですね。独立リーグに挑戦したいって考えていました。親には迷惑かけたくないから、働いてお金を貯めたんです」

一年間働き、ある程度金が貯まると、武田はその思いを行動に移した。独立リーグのトライアウトを受けたのだ。不合格なら野球はあきらめることにした。

ここで、テストに落ちていたら、おそらく彼は安定したサラリーマン生活を送ったことだろう。しかし、彼は合格してしまった。「してしまった」と表現するのは、彼はこの合格によって、せっかくの安定した正社員の地位をあっさり捨ててしまったからだ。

彼は三年という期限を自ら定めた。この間にNPB入りがかなわなければ、野球はあきらめようと。思い切って飛び込んだ独立リーグだったが、現実は甘くはなかった。NPBや実業団企業チームに入れなかった者が大半を占めるとは言え、アマチュア時代はそれなりに名を馳せ、ドラフト候補に名前が挙がった者も少なくはないそのリーグでは、三部と四部を行き来していた大学のエースピッチャーの球は簡単に打ち返された。それどころか、いざマウンドに登るとストライクを取ることもままならない状況が続いた。

リリーフとして八試合に登板し、防御率は十点台。勝ち星はもちろんなかった。当然のごとく、シーズン終了とともに自由契約が言い渡された。

あきらめの悪さはノマド・リーガーの専売特許のようなものだ。彼は、NPB行きの夢をあきらめなかった。独立リーグが雨後の筍のように増殖したため、選手にとっては売り手市場になっていた。お払い箱になった選手でも、別のリーグの門を叩けばなんとかなった。結局、彼はカンドクに行きついた。球界には左腕投手は食いっぱぐれがないという至言があるが、まさにその通りになった。月給八万円。コンビニでアルバイトをしていた方がいいくらいの薄給だったが、野球で報酬を得るからにはプロはプロ。ここでもクビを経験したが、拾ってくれたチームがあったことで、夢は潰えることはなくなった。

結局、彼はカンドクでは三シーズンで、のべ四チームを渡り歩いた。実際に給料をもらったのは、一年目の最初の数か月だけだった。まさに野球界の底辺をさまようノマドというべき現役生活だった。帰省するオフシーズンはもちろん、シーズン中もアルバイトに明け暮れる毎日は、実のところ、草野球好きのフリーターのそれと大きく違うことはなかったのだが、自分たちのプレーの場が、「本当のプロ」であるNPBにつながっていると思うことで、「プロ選手」である独立リーガーとしての矜持を保つことができたのだろう。

それでも、さすがに四年目になると、NPBへという気持ちは薄れていた。本来なかったはずの、四年目のシーズンは、もう少し上手くなりたいという気持ちだけでプレーした。ある意味、野球への未練を断ち切るためのシーズンだった。

だから、このシーズンはスポーツジムをアルバイト先に選んだ。そして、引退後トレーナーとして、地元東京のスポーツジムでアルバイトの職を得た。

「将来は自分でジム持ちたいなって。でも相当働からなくちゃ、お金貯まりませんね」

とはにかみながら話す武田の表情は、しかし、なにか吹っ切れていた。

彼は二十四歳で安定した生活を捨て、ノマド・リーガーとして四年の年月を過ごした。ほとんどの者にとって夢をあきらめる場であるはずの独立リーグにあって、雲の上から垂れている蜘蛛の糸のようなプロ野球選手というはかない夢をなかなかあきらめきれない者は多い。

いったんつかんだ糸が切れてしまっても、またどこかに垂れ下がっている別の糸を見つけては、それをつかんで昇っていこうとする。学生時代に目立った競技実績もなくトップレベルでプレーしたわけでもなかった武田にとっては、その細い糸のはるか先にあるだろう雲の上の世界はあまりにも遠いものだった。その遠さゆえ、自らの力とゴールまでの道のりの遠さをはかることができずに、もがいていたのかもしれない。

それでも、その四年間は貴重な時間だったと武田は振り返る。正社員としてサラリーマン生活を送る以上のことを経験できたと彼は言う。クビや給与の全額カット、それに所属チームの消滅など、安定した生活を送っている大学の同期にはできない波乱の二十代を送ったことに悔いはない。うまくレールに乗る人生もいいんだろうけれど、それと同等以上の人生を歩んでいることに彼は誇りを持っている。

将来的に野球の指導をしてみたいという彼にとっては、「元プロ」のコーチから受けた指導は、一生の宝だ。

現役時代、独立リーグとはいえ、武田が対戦するバッターはいずれも「格上」の選手だった。臆した武田は、バッターと対戦する前に自分に負けていた。マウンドで怯える武田の姿が、当時の所属チームの監督には印象に残っていたのだろう。チームを自由契約になって去る武田に一枚の色紙を手渡した。

「恐れず前進」

次の世界へ旅立つ彼に対するエールだった。結局、武田はその後三年、ノマド・リーガーとしてさまよったが、この言葉を胸に刻み付けて、今の人生を歩んでいる。

「NPBへの可能性ですか？　完全にゼロです」

引退の翌春、彼は笑いながらこう言った。すでにその目は新しい世界へ向いていた。他人から見れば無謀で身の程知らずに見える夢を昇華するのにかかった四年間が決して無駄ではなかったことを、彼の表情が語っていた。武田、二十七歳の春であった。

今、彼は妻を娶り、一家の主として、山あり谷ありの人生を「恐れず前進」している。野球からは少々縁が遠くなってしまったが、今では登山という新しい趣味を見つけ、今後のライフワークにするつもりだ。三十歳を迎えた今年、彼は父親となる。新しい家族のため、彼はさらに前進している。

ノマド・リーガーたちも、やがては等身大の自分を見つけ、夢の終わりを悟る。体力の衰えと生活の糧を得るという現実を前にセカンドキャリアへ移行することは、アスリートの宿命とも言えるだろう。彼らの多くは、三十歳を一つの節目に、自らの夢を胸の奥にしまい込む。

リーマンプロ野球選手

その節目を過ぎてもなお、「プロ野球選手」の継続を模索し、もがいている者も少なからずいるのだが、一方では、セカンドキャリアとノマド・リーガーの二足のわらじを履くという「ソフトランディング」を試みようとしている者もいる。

ブレッド・フラワーズは、アメリカ人ノマド・リーガーだ。二〇〇六年からプロとしてプレーしているが、ＭＬＢの球団と契約したことはない。メジャーリーガーという夢を追って、薄給の独立リーグでプレーを続けてきた。長いオフシーズンは、アルバイトや、時としてサラリーマンとして就職もし、糊口をしのいできた。

二〇一二年に一念発起し、日本に渡った。日本の独立リーグから「メジャーリーグ」であるＮＰＢを目指したのだ。しかし、四国アイランドリーグｐｌｕｓの愛媛マンダリンパイレーツで主砲を務めたものの、その夢は叶うことはなく、引退することにした。

彼は「野球はやめがたきもの」なんだよと笑う。翌年五月に独立リーグのひとつ、カンナムリーグのシーズンが始まると、彼はフィールドに立っていた。カナダの古都、トロワリビエールという町の、遺跡のようにも見える古いスタジアムが二〇一三年シーズンのプレー場所となった。

仕事はというと、婚約者がいるという立場上、かつてプレーしていたアイオワ州で見つけた職を辞めることはできなかったので、会社に頼み込み、長期休暇をとって八月までのシーズンを過ごすことにした。つまり彼は、サラリーマンとプロ野球選手という二足のわらじを履こうとしている。

日本人の山上直輝も同様に、「リーマンプロ野球選手」という道を選んだ。彼も一旦は引退をしたものの、「プロ」でプレーしたいという気持ちを忘れ去ることはできなかった。

大学卒業後、地元・富山では名のとおった企業に正社員として就職、クラブチームでプレーしていたのだが、監督と折りが合わず、一年ほどで退団してしまった。野球は続けるつもりだったので、京都のクラブチームに参加していたが、週末の遠距離移動の繰り返しでは、それ以上のレベルを目指すことはむずかしいと考え、会社も辞めてしまった。独立リーグくらいなら何とかなるのではないかと、BCリーグのトライアウトを受験するが、現実は厳しかった。

結局、学生時代目立った実績もなかった彼を受け入れたのは、「プロ」を名乗りながらギャラの支払いを停止したカンドクだった。しかし、ここでは生活費を確保するため、アルバイトを掛け持ちする必要があり、そうなると夢であるNPBはますます遠くなっていった。結局、二年目のシーズンが終わると、彼は引退を決断した。チームの支援企業が、契約社員として受け入れてくれるという話に乗ったのだ。

彼にとっても「野球はやめがたきもの」だった。再就職して最初の夏休み、最後の思い出にと、渡米してトライアウトリーグに参加、ここで、アメリカプロ野球の裾野の広さを発見する。野球の本場には自分でもプレーできそうなプロリーグがあることを知ってしまったのだ。

三十路を迎えた二〇一三年、彼は「現役復帰」した。この年に発足したパシフィック・アソシエーションに参加することになったマウイ球団との契約にこぎつけた。

月給は三万円、最初に給与明細を見た時には、桁がひとつ違うのではないかと目を疑った。アパートやホテル、食事代は球団がもってくれるので、生活に困ることはなかったが、ギャラは渡航費で消えてしまった。彼を不憫に思った親日家のオーナーが時々くれる小遣いの方がむしろ給料より多かった。そんな、他人から見れば「職業」とは言えないようなプロ野球体験だったが、彼は十分に満足したと言う。

ここまでの山上のストーリーは、これまで紹介してきたノマド・リーガーのそれと変わることはない。しかし、彼はきちんと現実も見ていた。フラワーズと同じく、彼は会社を辞めることなく、休暇扱いで渡米していたのだ。シーズン終了後は仕事に戻り、現場のチーフとしてスポーツ施設の管理業務に携わっている。会社も独立リーグの選手支援の一環として彼を採用したので、彼の行動に理解を示してくれている。

青年実業家、そして野球の伝道師

山上が京都のクラブチームでプレーしていた時のチームメートが、小野真悟だ。彼もまた職を持ちながらプロとしてプレーを続けるという道を模索している。

無名の高校、大学でプレーしていた山上とは違い、小野はある時期まではプロ予備軍の一員だった。大阪の名門、東海大仰星高校時代は、巨人にドラフト一位指名され、メジャーリーガーとしてクリーブランド・インディアンズの先発マウンドに立った村田透からホームランを打ったこともある。高校卒業後はスカウトからも勧められ、大学で四年後のドラフトを待つことにしたが、彼もまた、退部、大学中退というノマド・リーガーの王道を歩んでしまった。

大学を辞めた後、故郷の大阪に戻り、しばらくぶらぶらしていた小野だったが、しかし、再び野球の虜になってしまう。就職先で草野球に出会ったのだ。軟式ボールを握った手が、皮のボールを恋しがっているのがわかった。彼は、スポーツ専門学校に進むことを決意、卒業後もクラブチームで硬式野球を続けた。

そして二〇〇七年に発足したBCリーグ・新潟アルビレックスに入団、その後五シーズン、日本の独立リーグでプレーしたが、二〇一二年、一念発起してアメリカへ渡った。プレー先は、あのペコス・リーグだった。二〇〇ドルの月給は、ポジションをつかんでからは四〇〇ドルになったが、それでも日本の独立リーグでもらっていた給料とは比較にならないくらい安いものだった。

「こんなのプロじゃない」と、翌シーズンはメキシコのマイナーリーグのチームに自分でコンタクトをとり、月二〇〇〇ドルで契約を結んだ。しかし、長打を期待するチームの要望にはリードオフマン型の小野は応えることができず、わずか三週間でクビになった。アメリカでプレー先を探したが、結局これも叶わず、失意のうちに帰国することになった。

小野は、今なお「プロ野球選手」を続けている。二〇一四年からはドイツにプレー先を求めた。この国には、プロリーグと呼べるものはないものの、クラブチームが有給で外国人選手を雇っているのだ。野球後進国が多いヨーロッパのクラブチームは、経験豊富な外国人を助っ人兼指導者として迎えるのだ。二十九歳になる今年も、彼はこの国でシーズンを送った。

正直なところ、これまでの球歴や年齢を考えると、いまさらNPBのドラフトにかかることはないのはわかっている。しかし、まだ自分が上手くなっていることを自覚している小野は、だからこそ競技を続けたいと言う。

現実には、収入がなくては生活していくことはできない。ノマド・リーガーとしての野球の報酬をあてにするほど、若くもない。

だから彼は日本では、スポーツインストラクターとバーのマスターと言う二足のわらじを履いている。ウィークデーはトレーニングの拠点にしている四国の松山で、野球のレッスンプロとして活動し、週末は故郷・大阪に開店したバーで馴染み客を相手にしている。このバーのウリは、関西には珍しいタコス。メキシコでの生活経験をしっかりビジネスに生かしている。

「うまくいくかはわかりませんけど」と言いながら、しばらくは、オフは実業家、そして春がおとずれれば再び海を渡り、「プロ野球選手」としてプレーするつもりらしい。

現在、条件と場所を問わなければ、「プロ野球選手」になることは難しくなくなっている。ただし、これが「野球で飯を食う」ことを意味するわけでもない。

ノマド・リーガーたちは、こういう自身の生き方を肯定的に捉えている。山上の場合、一流会社の正社員として一生を送ることも悪くはなかっただろう。しかし、少ないながらも観客の前でプレーし、お金までもらえるという、野球小僧のだれもが抱く夢を実現できたことは、彼にとって一生の宝であるに違いない。最初勤めた会社では、大学の同期もうらやむほどの高給だったというが、後悔は全くないと言う。

複雑化する現代社会にあって、本当の意味での「成人」になるのは三十歳ごろだとも言われている。

そうであるなら、二十代のうちのスポーツをプレーしながらの「自分探し」も決して否定的に捉えるべきではないのではないか。ノマド・リーガーたちの純粋な野球への思いを目の当たりにすると、そのようにも感じてしまう。

国外にプレーの場を求めるすべてのノマド・リーガーがそうだと言うつもりはないが、彼らは、野球というスポーツを通じて、異国での生活体験をし、プロとしてのプレーを通じて競技者として様々なことを学んでいる。

ひょっとすると、成長が行き詰まり、若者の就業にとって逆風が吹く今、彼らのような生き方は、新しいキャリアパスの一つとして肯定的に捉えられるべきものなのかもしれない。

ベンチ裏から見る「夢の続き」

ノマド・リーガーたちのあこがれであるＮＰＢだが、そこも決して夢だけが詰まっている場所というわけではない。成功を収めて「スポーツ・セレブ」になることのできるのはほんの一握り。多くは、若くして「自由契約」を告げられ、生活の糧とともにプレーの場をなくしてしまう。トップリーグでさえ、選手たちはクビにおののき、不安を感じながらプレーしている。彼らの多くは、「引退」を突き付けられた後もなお、どんなかたちであっても野球に携わる仕事を希望するが、その希望でさえ、叶えられることは少ない。

そういう中、ＮＰＢ球団のスタッフに転身を遂げたノマド・リーガーがいる。

青木走野（そうや）二十八歳。ひさびさに見た彼の姿は、いくぶんふっくらしていた。「現役」を退いてすでに四年、体を動かすことはすっかりなくなったという。現在、裏方として支えているNPBの世界は、あの頃目指していたゴールだった。

野球に明け暮れていた少年は、強豪ひしめく神奈川県の名門校に乞われるかたちで入学した。目の前には、甲子園への道が開けていたはずだった。しかし、半年もしないうちに彼は野球をやめてしまう。言うまでもなく、高校も辞めてしまった。

つてを頼ってオーストラリアの高校に入り直し、野球はクラブチームでやり直すことにした。野球三昧だった青木にとって、異国の学生生活は茨の道だった。なにしろ、英語がさっぱりわからない。その上、十代半ばにして、たった一人の異国暮らし。当然のようにホームシックにもなった。それでも卒業までこぎつけたのは、野球あってのことだった。日本で高校中退し、両親に無理を言って、新たに敷いてもらったレールを踏み外すことはできなかった。

高校卒業後、そのままオーストラリアに残る道を選ばず、帰国した。大学に進んで野球を続けることも脳裏をよぎったが、高校時代のことを考えると、踏み出すこともできなかった。なすすべなく、アルバイト生活を送りながら地元クラブでプレーしたが、楽しむことにウェイトを置いたクラブチームでは「その先」が見えなかった。

不思議な話だが、ドロップアウト後、オーストラリアでプレーしているうちに、「プロ」がぼんやりと視界の先に浮かんできた。せっかく見えてきた夢だが、ゆるいクラブチームの雰囲気によって、かすんでしまう。

青木は、アルバイトでの貯金ができると、再度渡米した。パイプラインを踏み外した自分が、プロ野球選手になるには、野球の本場で足がかりを築く必要があると考えたのだ。ここでも結局、プロチームとは契約を結べず、クラブチームでプレーすることになったが、レベルは日本のそれとは比べ物にならなかった。二年プレーした後帰国し、NPB球団のトライアウトを受験した。巨人のテストでは最終メンバーまで残った。

夢が手に届くところに近づいた瞬間だった。結局、ドラフトでの指名はならなかったものの、アイランドリーグ・高知ファイティングドッグスから採用の通知を受け取った。青木は、独立リーグではあるものの、「プロ野球選手」としての一歩を記すことになった。

ルーキーの月給は一律十万円。これに加えて、年間でバット二本、スパイク二足が支給された。全寮制だったので、生活はなんとかできたが、バットが折れると自腹で買わねばならず、懐がさみしくなった。

寮では人懐こい青木はすぐに同室者と打ち解けた。青木がNPBから日米の独立リーグでプレーした兄のことを話すと、相手も弟の話をした。

同室の選手の名は、大谷龍太といった。弟が強豪校に入ったんだと自慢した。青木はそれを軽く聞き流していたが、この時、まだ高校入学を待つ中学生に過ぎなかったこの少年のサポートを数年後に仕事にすることになるとは思いもつかなかった。

結局、彼の「プロ生活」は一シーズンで幕を閉じた。四十三試合に出場して三十九打数四安打の〇・一〇三、三振は実に十を数えた。戦力外通告は当然と言えば当然だった。

あきらめのつかない彼は、無給の練習生としてチームに残してもらうことにした。まだ選手が集まっていない年明け早々に高知入りした青木は、開幕までの三カ月をけじめとして、それまでに選手契約を結ぶことができなかったら引退する決意をした。しかし、思いは届かず、球団は青木を戦力と見ることはなかった。

この先どうしようと悩んでいた青木に球団副社長が声をかけた。高知球団は収益改善の一環として、農業ビジネスに参入しようとしていた。過疎化の進む地元の休閑地を耕し、できた産品を試合会場で売るなどして収入を得ようという新たな収益の柱を模索していたのだ。

青木はこの話にのった。球団職員としてチームが飼い始めた牛の世話を担当することになった。しかし、「選手だけではなくスタッフにとっても次へのステップの場」とチームを位置づける球団の方針の中、彼もまた漠然とではあるが、「次」を考えるのはある意味当然のことだった。

そんなとき、何気なくネットサーフィンしていたパソコンの画面から偶然目に飛び込んできたのが、北海道日本ハムファイターズの球団職員募集の告知だった。

二〇一二年十一月、スーツを着た青木は、東京の面接会場にいた。長い海外生活のおかげで堪能になった英語と、その気さくな人柄が目に付いたのだろう、翌シーズンから取材が殺到することが予想されるゴールデンルーキーの担当広報として青木は採用されることになった。高知球団に暇乞いをし、初めて北海道の地を踏んだ。ここで初めて顔を合わせたのは、元ルームメイトの弟だった。

新しいシーズンが始まって、目の当たりにしたプロの世界は、それまで身を置いてきた野球の場とは別世界だった。とりわけ、自らが担当することになったスーパールーキーは、その中でも別格であった。球団職員として飛び込んだその場所で、青木は改めて自分が目指していたものの遠さを感じた。

自らが叶えることのできなかった夢の舞台の真ん中に、今、自分が支えている大谷翔平が立っている。酷な質問かもしれないが、自分がその舞台に立つことができなかった理由を尋ねた。

「強い気持ちがなかったんでしょう。それが独立リーガーの多くに共通していることだって、ここに来てやっとわかりました。NPBの選手の練習量は僕の想像をはるかに超えていました」

それでも、青木は、寄り道だらけの野球人生を悔いてはいない。

「これでよかったと思います。そのときどきで自分で選んだ道ですから」

今、彼は裏方として、自分が立つことのできなかった夢の舞台を支えている。

ノマドたちへのエール　結びにかえて

一九九五年七月十一日、テキサス州アーリントン。内野二階席に陣取る私の網膜には、自分と同世代の日本人投手のマウンド姿が焼き付いた。因習の残る日本球界に三下り半を突き付け、単身海を渡り、世界最高峰メジャーリーグのオールスターの先発投手となった野茂英雄と、自分の姿を重ね合わせたのは、もうふた昔も前のことになる。

この時、私は、職場に辞表を叩き付け、世界をさまよい歩いていた。

アベノミクスによるものかどうかはともかく、景気回復によって、現在、大卒者の就職状況は改善されつつある。しかし、若者を巡る雇用環境は厳しいままだ。終身雇用が約束された大企業の正社員への道は依然険しく、政権は「一生非正規」のライフプランを人々に突き付けようとしている。

そんな中、大学を卒業しても、希望した進路へは進めず、フリーターになることを余儀なくされたり、大学院に「避難」する者も多い。せっかく正社員となっても、就職先がブラック企業だったり、正規採用をちらつかされ、本来あるべき職業人としての理想や、人としてのあるべき姿から目をそむけながら「社会人」になっていった若者を、私自身、何人も目にしてきた。

自分の身の丈を測りきれず、海を渡って野球を続けるノマド・リーガーの姿は、ある種の「自分探し」かもしれない。しかし、その「寄り道」が間違いだと誰が言えるのか。

数年前、中央アジアを旅しているときに、ひとりの若者と食事をともにした。北欧出身の彼は、大学を卒業した後、NGOに入り、その国でボランティアに携わっていた。彼の話によると、そういうことは別段珍しいことではなく、彼の母国では、大学を卒業した後は、多くの若者が、国外でボランティアやインターンを経験し見聞を広げ、三十歳くらいまでに一生をかける仕事を見つけるのだそうだ。「終身雇用・年功序列型賃金」という神話が崩れた日本も、そういうライフスタイルが当たり前の社会に移行しつつあるのかもしれない。

そういう意味では、「生きづらさ」が表象化する社会に対して背を向け、「自分らしい」生き方を模索しているノマド・リーガーたちは、ある意味時代の先駆者ではないか。

もちろん、自らのレベルもかえりみず、競技への没頭を続けることには、本人にとっても社会全体にとっても職業スキルの蓄積と言う点から、大きな問題があることは承知している。しかし、社会に十分な椅子が用意されていない二十代を、好きなことをして過ごすというライフスタイルがあっていいのではないかと、彼らの姿をみて思う。

私は高度成長期の終わりにこの世に生を受けた。「先には明るい未来しかない」と言われて育ち、その通りバブル期に青春時代を過ごし、売り手市場の中、自分のやりたいことを仕事に選んだ。しかし、その職もたった三年で辞めた。おそらく大人になった誰もが感じる理想と現実のギャップのために。

ほとんどの大人は、そういう気持ちを胸の奥にしまい込んで、オヤジ世代となり、オヤジなりの幸せをつかんでいるのだろう。

いままで偉そうなことを言ってきたが、私自身がまさに「ノマド」な人生を送って来たのだ。あの時、辞表を机の奥にしまい込んで、大人の誰もがする「我慢」をしていれば、そこそこの給料を得て、平々凡々とした人生を歩んだと思う。

今のところ、私は寄り道だらけの自分の人生を悔いていない。もう一度あの頃に戻っても、おそらく同じ選択をするだろう。安定した人生と比べてもひけをとらない「プライスレス」な人生を送って来たと思えるからだ。

ただし、今の思いをずっと持ち続ける自信は、ない。この先、食うに困るようなことがあれば、心の弱い私は、二十代の蛮勇を悔いるに違いない。だから、毎日を懸命に生きている。

私が独立リーガーを追いかけ、この本を書いたのは、彼らの姿に昔の自分を見てしまうからかもしれない。私がノマド・リーガーにならなかったのは、彼らほど野球がうまくなかったから、それだけかもしれない。

あのテキサスの夜から早や二十年。私も一応日々の糧には困らない程度の生活を送っている。先達として、彼らには、自らの選択に後悔するような人生は歩まないようにということだけは伝えたい。

夢から醒めたノマド・リーガー青木走野は、夢の舞台を裏から支えている

おわりに

野球では捕手のことを「女房役」という。ここで使われる「女房」には、「主人」に三つ指をついて従うというニュアンスはない。従うふりをしながら「主人」である投手をうまく操る、あるいは頼りない「主人」の尻を叩いてコントロールする、そういう意味で日本の野球では、このポジションはゲームの要とされる。名捕手の前では、マウンドで仁王立ちしているように見える投手など所詮操り人形なのかもしれない。

書き手も、有能な編集者の前では、マウンドで踊らされるピッチャーのようなものである。今回の「女房役」、キンマサタカ氏は、まさにその語義通り、頼りない私の尻を叩きながら操り、脱稿というゴールまで完投させてくれた。まずは、ここに御礼申し上げる。

前著、『ベースボール労働移民』から早二年。そこで誓った「その後」を、私は少しずつ書き連ねてきた。前著は、博士論文のリライトということもあり、少々小難しさがあったことも事実で、今度は、グローバル化が進む現在、「プロ」アスリートの在り様が変容している現実をもう少しわかりやすく描いてみたいと考えていた。そこに、出版のお話をいただき、この度、ようやくゴールにたどりついたのであるが、これはひとえに、一介の在野の研究者に過ぎない私に光を当ててくれたキン氏のおかげである。

本書は、「プロ」と名乗りながらも、現実にはその言葉からイメージされるものにはほど遠いアスリートたちの生き様を題材にしたものである。全体を覆っているのは、若さゆえ、無謀な挑戦をする彼らへの疑問である。しかし、最終章で述べている通り、私は彼らの存在や行動を否定するつもりはない。彼らの存在は、確かに草の根レベルでのスポーツ文化を下支えしている。

「文化というものは元来不合理なもの、便利でないもの、均等的でないものをいう。不合理であればこそ、人間のくらしを包んでくれて、ときには生きるはげみにもなるということを思わなければならない」

とは司馬遼太郎の遺した言葉である。

人は、この世に生まれ落ちたその日から、人生の終焉までを生きていく宿命を背負わされる。それゆえに、日々に糧を得ることのできるスキルを身につける訓練に成人までの期間を費やすことを余儀なくされ、成人後は、日々労働に身を置き、余生をできるだけ安らかに送ることのできる蓄えを用意することに費やす。それは、ある意味当然の行為で、だからこそ人は、できるだけその行為を効率よく行おうと努力する。そこにある種の打算が入るのもいたしかたないだろう。

しかし、人は糧を得るためだけに生きているのではない。時に泣き、時に笑うことを求め、勤勉や、打算とは真逆の不合理な行動を行うこともある。司馬が指摘したのは、文化とは、その不合理性から生まれるということだろう。

スポーツもまた文化事象のひとつである。ゆえに不合理性をともなうこともしばしばである。本書に登場する、「労働」としては割に合わない「プロ野球」に身を投じる若者の姿は、合理主義が金科玉条のように幅を利かせている現代社会において、ときにむしろ美しくも見える。それゆえにそのひたむきな姿を目に焼き付けようと、その数は決して多くはないものの、観客がスタンドに足を運ぶのだろう。
本書では、彼らの行動の要因を現代社会の変容に求めている。社会の変容が加速している現在、そのスピードに人間がついていけず、合理性とはかけ離れた行動をとる者が現れるのはある意味当然のことかもしれない。

本書の多くは、私が所属する日本スポーツ社会学会での学会大会での発表など、前著公刊以降に行ったフィールドワークをもとに執筆している。最終章は、私が共同通信に寄稿した連載、「もうひとつのプロ野球」をもとに加筆・修正したものである。この記事の編集を担当していただいた多比良孝司氏とは、前著について、インタビュー記事を書いていただいて以来の仲である。広く良書に目を通し豊かな教養をもつ氏とその後酌み交わした酒は、その後の私の研究に栄養を与えてくれた。酔いが回るたび、「次を書け」と叱咤激励していただいたその成果を氏に捧げたい。本書のタイトルは、公刊の話が出てきてから、いくつかの候補を挙げてきたのだが、私のセンスのなさからか、結局出すたびに差し戻された。結局、この連載記事のタイトルをいただくことにしたのだが、これについても感謝申し上げたい。

最後に、本書に登場するすべての不器用なアスリートたちにエールを送り、本書を脱稿したい。

二〇一五年十月十四日　　石原豊一

参考文献

藤田結子(2008)『文化移民 ―越境する日本の若者とメディア―』新曜社

グットマン・アレン、谷川稔ら訳(1997)『スポーツと帝国 ―近代スポーツと文化帝国主義―』昭和堂

橋本健二(2006)『階級社会 ―現代日本の格差を問う―』講談社選書メチエ

速水健朗(2008)『自分探しが止まらない』ソフトバンク新書

石原豊一(2011)「現代社会における若者の現実逃避的行動についての一考察
―『自分探し』の延長線上のプロアスリート―」『立命館人間科学研究』23, 59-74.

石原豊一(2013)『ベースボール労働移民 ―メジャーリーグから「野球不毛の地」まで―』河出書房新社

片田珠美 (2010) 『一億総ガキ社会：「成熟拒否という病」』光文社新書

加藤恵津子(2009)『「自分探し」の移民たち ―カナダ・バンクーバ、さまよう日本の若者―』彩流社

苅谷剛彦(2001)『階層化日本と教育危機 ―不平等生産から意欲格差社会へ―』有信堂

Klein, Alan M., 2006, *Growing the Game：The Globalization of Major League Baseball*, Yale University Press.

成田康昭(1986)『「高感度人間」を解読する』講談社現代新書

中村計(2010)『甲子園が割れた日 ―松井秀喜5連続敬遠の真実―』新潮文庫

根本真吾(2005)『アメリカでプロになる! ―アメリカ・スポーツ界で活躍する方法―』彩流社

小此木啓吾(1978)『モラトリアム人間の時代』中央公論社

澤宮優(2010)『ひとを見抜く ―伝説のスカウト河西俊雄の生涯―』河出書房新社

司馬遼太郎(2005)『ワイド版街道をゆく26：嵯峨散歩、仙台・石巻』朝日新聞社

下川裕治(2007)『日本を降りる若者たち』講談社現代新書

諏訪哲二(1999)『学校はなぜこわれたか』ちくま新書.

下川裕治(2007)『日本を降りる若者たち』講談社現代新書

下村英雄(2002) 「フリーターの職業意識とその形成過程 ―『やりたいこと』志向の虚実」,小杉礼子編
自由の代償／リーター：現代若者の就業意識と行動』日本労働機構　75-100.

矢島正見・耳塚寛明編著(2005)『変わる若者と職業世界：トランジッションの社会学』学文社

山田昌弘(2007)『希望格差社会 ―「負け組」の絶望感が日本を引き裂く―』ちくま文庫

石原豊一　いしはら とよかず

一九七〇年生まれ。上智大学文学部卒、立命館大学大学院国際関係研究科修了。博士国際関係学。日本スポーツ社会学会、日本スポーツ産業学会、スポーツ史学会、日本アフリカ学会会員。著書に『ベースボール労働移民―メジャーリーグから「野球不毛の地」まで』（河出書房新社）がある。

もうひとつのプロ野球
若者を誘引する「プロスポーツ」という装置

二〇一五年一一月一五日　印刷
二〇一五年一二月　五日　発行

著　者 © 石原豊一
発行者　及川直志
印刷所　株式会社 三陽社
発行所　株式会社 白水社
　東京都千代田区神田小川町三の二四
　電話　営業部 〇三（三二九一）七八一一
　　　　編集部 〇三（三二九一）七八二一
　振替 〇〇一九〇-五-三三二二八
　郵便番号 一〇一-〇〇五二
　http://www.hakusuisha.co.jp
　乱丁・落丁本は送料小社負担にてお取り替えいたします

誠製本株式会社

ISBN978-4-560-08471-7
Printed in Japan